한국체육대학교 학술교양총서

스포츠 외교론

True Records and Stories of Korea Sport Diplomacy "The New Horizons"

한국체육대학교
학 술 교 양 총 서
004

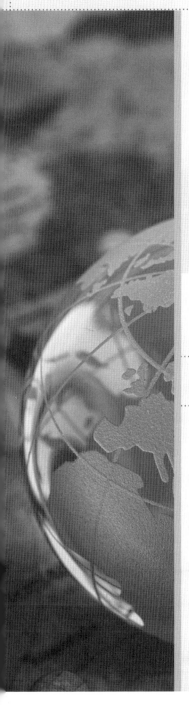

스포츠
외교론

True Records and Stories
of Korea Sport Diplomacy
"The New Horizons"

윤강로

한국체육대학교 학술교양총서 발간에 부쳐

아이작 뉴턴은 생의 막바지에 이런 말을 남겼다.

"나는 바닷가에서 노는 소년과 같았다. 가끔씩 보통 것보다 더 매끈한 돌이나 더 예쁜 조개껍데기를 찾고 즐거워하는 소년. 그러는 동안에도 내 앞에는 광대한 진리의 바다가 미지의 상태로 펼쳐져 있었다."

뉴턴의 아포리즘은 학인(學人)의 삶, 그 숙명을 함축한다. 배움은 진리를 사랑함이니 사과 한 알, 조개껍데기 하나로써 세상의 작동원리를 갈음한 천재의 언어로 부족함이 없다. 그의 통찰은 '거인의 어깨 위에 앉은 난쟁이'의 비유에서 가장 높은 경지에 이른다.

"내가 더 멀리 보았다면 이는 거인들의 어깨 위에 올라서 있었기 때문이다(If I have seen further, it is by standing on the shoulders of giants)."

로버트 머튼이 쓴 『거인의 어깨 위에서』는 뉴턴의 비유가 매우 오래

된 인용문임을 밝힌다. 뉴턴은 조지 허버트를, 허버트는 로버트 버튼을, 버튼은 디에고 데 에스텔라를, 에스텔라는 존 솔즈베리를, 그리고 솔즈베리는 베르나르 사르트르를 인용했다.

마태오가 적어나간 아브라함 가문의 내력과도 같지 않은가? 천재의 아우라가 해묵은 은유에 생명을 불어 넣었으리라. 거인과 어깨의 계보는 또한 진리의 오솔길. 그 길은 오로지 나아감이 있을 따름이다. 학인의 숙명은 미지의 열락을 찾아 헤매는 지상의 나그네다.

한국체육대학교 학술교양총서는 어깨에 어깨를 걷고 인내로써 천년의 탑을 포개려는 정성의 결실이다. 1977년 개교 이래 성상을 거듭해 정진해온 대한민국 유일의 종합체육대학으로서 학문적 성과와 현장의 경험을 집약하고자 하는 목적으로 시작되었다.

총서가 가야 할 길은 멀다. 완급과 부침이 없지 않겠으나 우리는 장경을 새기는 정성과 인내로써 점철할 것이다. 순정한 지향과 의지가 끝이요 마치다. 영원을 향해 걷는 걸음의 시작 앞에서 비나니, 끝끝내 진리의 대양에 이르러 현학들과 조우하기를 빈다.

2020년 2월
한국체육대학교 학술교양총서 편집동인을 대표하여
제7대 총장 안용규 씀.

대한민국 스포츠외교실록
"새로운 지평" 저서에 붙이는 서문

토마스 바흐(Thomas Bach) IOC위원장

평창2018 동계올림픽에서 평화로운 경쟁 속에서 스포츠로 연합된 세계를 우리가 함께 축하하고 있었던 것이 마치 바로 어제 일처럼 느껴진다. 설상과 빙상에서 펼쳐진 올림픽 스포츠의 마력에 이끌려 세계 각국 선수들이 선보인 잊을 수 없는 경기장면들과 한국민들이 베풀어준 기막힌 환대의 추억은 영원히 내 가슴 속에서 살아 이어갈 것이다. 평창2018동계올림픽은 또한 한반도로부터 전 세계로 강력한 평화의 메시지를 전달하였다. 그 시점은 바로 대한민국과 조선민주주의인민공화국 국가올림픽위원회가 출전시킨 선수들이 한반도 하나의 코리아 통일기를 앞세우고 단일팀으로 올림픽 스타디움으로 입장할 때 점화된 순간이었다. 이 한 순간에 스포츠가 지닌 독창적인 파워를 통하여 전 세계를 평화로 모두가 연합됨을 세계 만방에 보여준 것이었다. 나로서는 이것이야말로 올림픽의 가장 강력한 메시지라고 생각한다. 평창에서의 이러한 강력한 상징적 표출을 통하여 어떻게 올림픽이 대화로 나아가는 길을 열어줄 수 있는 가에 대하여 지켜보게 된 것이다. 이 순간은 우연히 거저 생겨난 것이 아니었다. 그것은 2014년에 IOC가 착수하였으며 잊을 수 없는 대회 개회식 몇 시간 전까지 이어졌던 기나긴 협상과정 및 고위급 정부당국의 개입의 결실이었다. 우리는 스포츠 단독으로는 평화를 창출할 수 없음을 인지하고 있다. 하지만 우리가 평창에서 목격하였듯이 올림픽이 보다 평화로운 미래로 가는 길을 열어줄 수 있는 것이다. 평화로운 경기를 통해 전 세계를 하나로 묶어주는 이러한 스포츠의 힘이야말로 대한민국에서의 올림픽운동의 역사를 연대기로 엮어 풀어줌으로써 통찰력이 살아 숨 쉬는 저서를 통해 널리 알리는 핵심 테마인 것이다. 한국인들과의 내 개인적인 연대는 서울1988올림픽 기간 동안 시작되었다. 그 당시 본인은 올림픽 운영위원회에 선수대표역할을 수행하였다. 한국인들과 한국문화에 이처럼 일찍이 접촉하였던 덕분에 그러한 훌륭한 인상이 지속적으로 유지되어 오늘날에 이르렀다. 이러한 맥락에서 본인은 한국 스포츠를 이끌어가는 지도자급 인사이자 이 책 저자이기도 한 '로키 윤강로'(Rocky Kang-Ro Yoon)를 알게 되었고 또한 고맙게 여기게 된 계기라고 할 수 있다. 저자인 '로키 윤강로'는 자신에 경험하고 체득한 올림픽운동에 대한 엄청난 지식의 바탕 위에서 대한민국 스포츠 역사에 대하여 그가 목격하고 체득한 수많은 사례와 스포츠를 통하여 이 세계가 보다 더 나은 곳으로 승화되도록 하는 스포츠 역할론에 대하여 지혜로운 통찰로 책 내용을 풀어 펼쳐 함께 공유할 수 있는 역량의 소유자로 이상적인 인물이다. 미래를 디자인 및 구체화하기 위하여서는 과거를 이해할 필요가 있다. 이러한 관점에서 이 책이 시의 적절한 기여를 할 수 있는 지침서로서 과거의 교훈을 통해 우리의 향후 길을 닦아 나아갈 차세대 스포츠지도자들을 고무시켜주고 미래 지향점을 부각시켜주기에 충분한 이유이다.

IOC위원장 토마스 바흐

Foreword for True Records and Stories of Korea Sport Diplomacy "The New Horizons"

Thomas Bach President

It only seems like yesterday that we were celebrating a world united by sport in peaceful competition at the Olympic Winter Games Pyeong-Chang 2018. The magic of Olympic sport on snow and ice, the unforgettable performances by the athletes and the wonderful hospitality of the Korean people and will live on in our hearts forever. The Olympic Winter Games PyeongChang 2018 also sent a powerful message of peace from the Korean Peninsula to the world. That moment came when the athletes from the National Olympic Committees of the Republic of Korea and the Democratic People's Republic of Korea entered the Olympic stadium as one team, behind one flag, the Korean Unification flag. This one moment demonstrated the unique power of sport to unite the whole world in peace. To me, this is the most powerful message of the Olympic Games. With these powerful symbols in PyeongChang, we have seen how the Olympic Games can open the way to dialogue. This moment did not happen by chance. It was the result of a long process of negotiations and high-level government engagement by the International Olympic Committee that began back in 2014 and lasted until a few hours before this unforgettable Opening Ceremony. We know that sport alone cannot create peace. But as we saw in PyeongChang, the Olympic Games can open the way to a more peaceful future. This power of sport to unite the world in peaceful competition is a central theme in this insightful book that chronicles the history of the Olympic Movement in the Republic of Korea. My personal connection with the Korean people began during the Olympic Games Seoul 1988. At the time, I was the athletes' representative on the Games' steering committee. This early contact with the Koreans and the Korean culture left a lasting impression on me that continues to this day. It is in this context that I got to know and appreciate Rocky Kang-Ro Yoon as a leading figure in Korean sport. Building on his great knowledge on the Olympic Movement, he is ideally placed to share his many accounts of the rich Korean sporting history and the role that sport can play to make the world a better place. In order to shape the future, one needs to understand the past. This is why this book is a timely contribution to inspire the next generation of sport leaders with the lessons of the past, as they shape our way forward.

새 지평, 새 축복, 스포츠가 답이다

원고작성을 끝내고 화룡점정 격인 책 제목 명명에 고심하던 중 한 지인이 다음과 같은 제안을 해 주었다. 필자가 고심 끝에 붙인 부제인 '새로운 지평'(The New Horizons)은 평창2018유치성공의 슬로건(Slogan)으로 피와 땀이 배어 있어서 그 의미가 남달랐다. 그래서 대한민국스포츠외교의 새 지평을 열고자 하는 염원이 담겨 있다. 이어서 전 세계를 강타한 전대미문, 미증유, 전례 없는 코로나바이러스로 인류가 깊은 고뇌에 빠져 있는 가운데 책 제목 부제 속 내용은 '새 지평 새 축복, 스포츠가 답이다(New Horizons, New Blessings; Sport is the Answer)'라고 풀어 보았다.

하지만 한 지인은 독자들에게 어필할 수 있도록 "스포리안 나이트(Sport+Korean Night/한국스포츠외교의 천일야화)가 어떻겠냐고 고마운 제안도 해주었다. 기발한 착상이라는 생각이 들었다. 또한 "현대가 키우고 삼성이 수확한 한국스포츠외교"라는 부제도 함께 제안해 주었다. 대한민국

스포츠외교의 발판은 한 마디로 현대(정주영 회장/서울1988올림픽유치위원장)가 일으켜 세우고 삼성(이건희 회장 겸 IOC위원/평창2018동계올림픽유치성공지원)이 갈고 닦아 수확한 결실이라고 축약할 수 있겠다. 고 정주영 현대그룹회장은 1981년 9월30일 당시 서독 바덴바덴(Baden-Baden)개최 IOC총회에서 서울1988올림픽유치위원장자격으로 서울올림픽 바덴바덴 유치성공과 함께 대한민국 스포츠외교 제1호 대첩을 성사시켜 한국을 국제무대에 등장시킨 주역이 되었다. 이후 정주영 유치위원장은 대한체육회장 겸 대한올림픽위원회(KOC)위원장으로 활동하였다.

반면 이건희 삼성그룹회장은 1996년 근대올림픽 100주년 기념대회인 애틀랜타 1996올림픽을 계기로 열린 IOC총회에서 고 김운용 IOC부위원장(세계태권도연맹 창설총재 겸 KOC위원장 및 GAISF회장/개인자격 IOC위원 등 역임)과 함께 동시대에 한국의 두 번째 IOC위원(개인자격)이 되었다. 1년 뒤인 1997년 5월 당시 사마란치(Samaranch) IOC위원장의 전격적인 제안에 삼성은 이건희 회장의 미래를 내다보는 통찰력 있는 혜안으로 1주일 말미기간 동안 통 큰 결정을 내려 미국의 모토롤라(Motorola) 대신 IOC의 전세계올림픽마케팅파트너(TOP: The Olympic Partner)로 합류하여 이후 최첨단 기술력 개발에 맹진한 결과 쟁쟁한 세계적인 전자통신업체들을 모두 제압하고 현재 미국의 애플(Apple)사와 나란히 세계시장을 호령하는 대한민국 및 세계최고기업일원이 되었다. 평창동계올림픽유치 3수도전(2000년~2011년)내내 IOC위원으로 활동한 이건희 회장은 평창의 유치활동을 음으로 양으로 도왔다. 그 결과 평창2018동계올림픽 및 패럴림픽 유치성공의 표상인 남아공 "더반(Durban)대첩"을 성사시킨 견인차 역할에 최선을 다하였다.

몇 년 전 지금은 국민체육진흥공단으로 업무가 이관된 체육인재육성재단(NEST)이 외국어대학교 서울캠퍼스에 교육 위탁한 "스포츠외교 인재과정" 특강을 세 시간 넘게 진행하는 과정에서 수강생들과 열띤 토론을 벌이면서 한국스포츠외교의 앞날을 함께 진단하여 보았다. 수강생들은 2006년 토리노 동계올림픽 여자 쇼트트랙 메달리스트였던 변천사 선수를 비롯한 선수 출신 및 가맹경기단체 관계자들이었다. 모두들 스포츠외교관이 되기를 희망하지만 불확실한 미래와 진로, 불안정한 스포츠외교관 양성 시스템 등으로 확신과 확고부동한 비전을 가슴에 품는 것조차 버거워 보였다. 현재로서는 스포츠외교관이 되려는 차세대 유망주들이 힘차게 날갯짓을 하고 비상할 창공이 열리기 시작했다고 볼 수 있겠다. 본격적으로 방법을 찾자면 활로가 없는 것은 아니지만, 전반적인 현실적 대안의 부재가 작금의 상황이기도 하다. 강의를 진행하던 중 이러한 현실적 문제의 실마리를 풀기 위한 궁여지책으로 우선 필자가 2004년부터 운영해 오고 있는 국제스포츠외교연구원(ISDI: International Sport Diplomacy Institute) 명의로 '스포츠외교관인증서'를 부여할 계획이라고 설명하여 실낱같은 희망을 심어주기도 하였던 바도 있었다.

물론 국제스포츠외교연구원은 법인으로 보는 '비영리법인체'에 불과하기 때문에 국가적 공신력이나 신통력을 부릴 수는 없지만, 그래도 누군가가 나서서 실타래를 풀어나가야 한다는 생각으로 사명감을 가지고 임하려 한다. 스포츠외교분야야말로 앞으로 고부가가치를 창출할 진정한 '블루오션'이 아닐까? 향후 추진하려고 계획 중인 한국 최초의 '스포츠외교관인증서' 발급은 미래의 스포츠외교관들에게 비전과 용기와 자신감을 부여하기 위한 첫 단추라고 할 수 있겠다. 하지만 이 사업 역시 많은 분들께서 격려해주시고 동참해주셔야 올바른 결실을 맺을 수 있을 것이다. 스포츠외교는 거저 생겨나는 것이 아니다. 스포츠외교는 복잡미묘 다단한 국제스포츠 계의 얽히고설킨 인간관계를 바탕으로 형성되어 태동하고, 성장하고, 이어지고, 오고 가고, 주고받는 우정과 우애와 의리가 끈끈한 연결고리처럼 연쇄작용을 일으켜 상호간에 화학반응을 통해 진화·발전하는 살아 움직이며 숨 쉬고 느끼고 상응하는 유기체와도 같다고 할 수 있다. 스포츠외교를 잘 하려면 우선 국제스포츠 계의 동향과 흐름을 잘 이해하고 국제스포츠단체의 성격과 기능과 역할 등도 잘 숙지해야 한다. 스포츠외교의 최고봉은 역시 올림픽이라고 할 수 있겠다. 올림픽운동의 이모저모를 잘 꿰고 있어야 스포츠외교관으로 대성할 수 있을 것이다. 물론 2~3개의 외국어(영어, 프랑스어, 스페인어 등)를 완벽하지는 않더라도 불편 없이 구사할 수 있어야 필요한 정보를 취득할 수 있고 상호간에 소통이 되어 국제스포츠 계에서 진정한 의미의 스포츠외교관으로서 자리매김할 수 있다.

본서는 대학에서 스포츠를 전공하는 많은 학도들과 '국제기구에서의 활동'이라는 비전을 세우고 있는 수많은 차세대 스포츠외교관들에게 국제스포츠 계와 그 무대, 올림픽운동의 면모와 패러다임, 그리고 국제스포츠기구와 연관된 지식과 정보를 제공하고 공유하려는 의지와 열망을 가지고 대한체육회 100주년을 기념하면서 스포츠외교에 대한 인식 및 스포츠외교역사 재정립 차원에서 기획·출판하고자 한다. 국제스포츠현장 분석과 스포츠외교에 대한 패러다임이 제대로 정립되지 않은 현시점에서, 또한 2032년 남북한 올림픽공동유치를 대내외에 선포한 시점에서 아무쪼록 이 책이 '대한민국스포츠외교사'를 본격적으로 집대성한 사상 첫 번째 실록으로서 스포츠외교사와 현장의 생생히 살아 숨 쉬는 흐름과 체험사례들을 음미해 보며, 이를 바탕으로 향후 대한민국스포츠외교의 새로운 지평(New Horizons)을 열고, 동시에 우리나라 스포츠외교 발전의 디딤돌이 될 수 있기를 바란다.

　끝으로 영리를 초월하여 흔쾌히 출간을 결정해 주신 글누림 출판사 최종숙 대표님과 편집부 직원들에게 진심으로 감사를 드린다. 특히 이 책 출간이 성사되도록 귀한 교량역할을 해주신 한국체육대학교 허진석 교수님과 이 책을 쓰도록 독려해 주신 김진선 평창2018동계올림픽조직위원회 초대위원장 겸 평창유치 3수 내내 실질적으로 진두지휘하신 올림픽 거버너(3선 강원도지사)께도 고마운 마음을 표한다. 또한 지난 2006년 당시 '윤강로의 발로 뛴 스포츠외교스토리'를 담은 필자의 처녀작 『총성 없는 전쟁』 출간을 성사시켜 주기도한 유진 그룹 유경선 회장(대한트라이애 슬론연맹 및 아시아 트라이애슬론연맹회장 역임/현 OCA집행위원)이 필자의 7번째 책 출간소식을 축하하며 출판기념회를 독려해 준 그 마음에 아울러 고마움 을 표한다.

다시 한 번 하나님께 모든 영광을 돌리며…
2020년 경자년에 모두에게 새로운 지평과 새로운 축복을 기도하면서

平山 윤강로
국제스포츠외교연구원장

차례

스포츠 외교론

True Records and Stories of Korea Sport Diplomacy
"The New Horizons"

스포츠 외교 소사(小史)

대한체육회와 대한올림픽위원회 창설

1920년 7월13일 대한체육회의 전신인 조선체육회가 창설되었다. 1945년 8월15일 해방 후 재건된 조선체육회, 그리고1946년에는 조선올림픽위원회(KOC)가 창설되었으며 다음해인 1947년 6월20일 스톡홀름개최 제41차 IOC총회에서 정식회원국으로 인준 후 가입되었다. 동 IOC총회 결과를 당시 오토 마이어(Otto Myer) IOC사무총장은 스톡홀름 IOC총회에 대한민국 대표로 참석한 이원순에게 1947년 7월18일 자 공한으로 대한민국의 국가올림픽위원회(NOC)를 공식적으로 인준했다고 통보하였다.[01] 이를 근거로 대한올림픽위원회(KOC)는 IOC가입 날짜를 1947년 6월

---

01 OSC(Olympic Studies Center) Archive, 1947

20일로 규정하고 대한체육회 정관에도 이를 명시하고 있다.(KSOC, 2017)[02]
그 다음해인 1948년 1월30일 생 모리츠(St. Moritz) 동계올림픽에 사상최
초로 대한민국 동계선수단을 파견, 출전하였다. 이어 6개월 후인 7월29
일~8월14일 런던에서 열린 제14회 올림픽에 하계 선수단을 파견하게 되
었다. 1952년 제15회 헬싱키올림픽 참가 후 12년 뒤인 1964년 대한올림
픽위원회는 대한체육회에서 분리 독립된 사단 법인으로 재출발하여 스
포츠외교활동을 시작하였으나 불과 4년 후인 1968년 다시 대한체육회
특별 기구로 통합 편입되었다. 대한민국 국가올림픽위원회 NOC(KOC)가
IOC에 가입한 배경과 상황을 살펴보면 KOC의 에이버리 브런디지(Avery
Brundage)[03] 당시 IOC부위원장과의 첫 번째 접촉은 1946년 말로 추정된다

---

02 대한체육회는 1920년 7월13일 창립되어 2019년 7월13일 창립99주년을 맞이하였으
    며 2020년 창설 100주년을 기념하게 된다. 조선체육회는 일제강점기에 창설된 관계로
    독립운동의 구심점역할을 우려한 나머지 18년 뒤인 1938년 일제에 의해 강제 해산을
    당한 바 있다. 하지만 1945년 8월15일 광복 이후 부활하여 1954년 사단법인 대한체육
    회(KASA)가 되었으며 1983년에는 국민체육진흥법에 의거하여 특수법인이 되었다. 별
    도의 단체로 명맥을 유지했던 대한체육회(KASA·KSC)와 대한올림픽위원회(KOC) 두
    단체는 오랫동안 별도의 단체처럼 존재하다가 2009년 6월29일에 한데 통합되어 대한
    체육회(Korea Olympic Committee)가 되었고, 7년 뒤 2016년 3월 21일에는 국민생활
    체육회(1991년 창설)를 통합하여 현재의 통합 대한체육회(Korean Sport & Olympic Com-
    mittee)가 되었다. 대한체육회는 대한민국의 스포츠 및 올림픽 사무를 총괄하는 기구
    로서 문화체육관광부 소관의 특수법인이다. 또한 대한민국의 아마추어 스포츠 단체를
    총괄, 지도하는 문화체육관광부 산하 기타공공기관으로 대한민국 시도 대항으로 열리
    는 전국체육대회를 주최한다. 기구는 이사회와 대의원총회, 12개의 위원회, 사무처 등
    으로 구성된다. 산하에 58개 가맹경기단체, 17개의 시도체육회, 17개의 해외지부 등이
    있다.

03 미국·제5대 IOC위원장 역임(1952~1972)

(Brundage Collection, KOC-01). 1948년 런던올림픽 참가 선결조건인 KOC의 IOC인준 가능성 여부 타진이 목적이었으며 전경무 런던올림픽대책위원회(1946년 7월 결성) 부위원장은 브런디지 IOC부위원장으로부터 긍정적인 답변을 받고 KOC의 IOC인준 및 가입을 위한 작업에 박차를 가한다. 전경무 부위원장은 KOC의 인준에 필요하다고 사료되는 미국 내 주요 인사들과도 접촉을 브런디지 부위원장의 도움을 받고 하게 된다. 한 나라의 NOC가 인준 받기 위하여서는 국제경기연맹 가입이 선결조건인 바 이와 관련된 만남이었다. 미국을 떠나기 전 전경무 부위원장은 당시 시그프리드 에드스트롬(Sigfrid Edstrom)[04] IOC위원장에게도 KOC인준요청과 신청 의향을 알리게 된다. IOC인준을 위한 미국 내에서의 사전정지작업을 마친 전경무부위원장은 1947년 3월 귀국한 뒤 3개월 후인 6월15일 스웨덴 스톡홀름 개최 제40차 IOC총회에서의 KOC인준을 위한 최종 마무리 작업에 돌입한다. 당시 원활치 못한 우편배달로 인한 지연사태와 국제경기연맹들과의 화의일정 조정문제로 어려움을 겪게 된다. 천신만고 끝에 스톡홀름 IOC총회에서 KOC인준관련 대표발언자로 지정된 전경무 부위원장은 5월29일 저녁 미군용기 편으로 일본 도쿄교외 비행장근처 산정에서 탑승한 비행기가 충돌하여 그만 40명 동승자들과 함께 사망하였다고 한다.

촉박한 시간 관계로 수소문 끝에 미국 뉴욕거주 이원순에게 바톤이

---

04 스웨덴·제4대 IOC위원장 역임(1942~1952)

넘어간다. 이원순은 궁여지책으로 공문서 용지에 자신이 직접 타자를 쳐서 개인명의로 여행증명서를 만들어 여권대용으로 사용한다. 공문서 용지에 나이, 주소를 쓰고 본문에 "나는 한국인으로 금번 KOC의 요청으로 IOC총회에 참석할 예정이며 런던에 들러 영국올림픽위원회와 1948년 런던올림픽 참가문제를 교섭하러 간다."라고 타이핑한 두 페이지짜리 자가 여행증명서를 들고 뉴욕주재 영국 총영사관에 찾아가서 담당 영사관 직원에게 보여준다. 그 직원의 표정이 일그러지면서 "이게 뭡니까?" 라고 묻자 그는 "보시는 바대로 내 개인 여권입니다"라고 하자 그는 내용을 꼼꼼히 읽어 본 후 한 동안 여행증명서를 만지작거리더니 뭐라고 중얼거리며 영사 사무실로 들어간다. 한참 만에 환한 얼굴로 나온 그는 두 말없이 비자발급 도장을 찍어 준다. 이원순은 곧바로 다시 덴마크 총영사관에 가서도 어렵지 않게 비자를 받게 된다. 이는 1947년 6월11일 미국 뉴욕에서 일어난 실화라고 한다.

IOC총회 날짜에 임박하여 스톡홀름에 도착한 이원순은 IOC측에 KOC의 IOC가입 신청서를 제출하였고 1947년 6월20일 소집된 제40차 IOC총회에서 발언을 통하여 "아시아의 작은 신생국에도 올림픽에 참가할 기회가 주어져야 한다."는 요지의 열변을 토한 끝에 한국의 역사적인 IOC가입이 인준 승인되었다. 이원순은 곧바로 영국 런던으로 날아가 런던올림픽조직위원회에 한국선수단의 올림픽출전 신청도 할 수 있었다. 그 당시 사용되었던 역사적인 사제여권의 빛바랜 원본은 이원순의 모교인 고려대학교 도서관에 기증되어 보관되어 오다가 최근 문화재청에 의해 등

록문화재 491-1로 등재되었다. 이원순은 103세를 일기로 1993년 타계하였다.[05]

제40차 IOC총회 회의록(1947년 6월19~21일)에 프랑스어로 기록된 당시 상황을 살펴보면 다음과 같다.[06] 한국의 IOC가입 인준 건은 17번째 의제로 상정되었다. "한국올림픽위원회 대표인 이씨(Mr. Lee)는 앞 무대로 소개된 후 올림픽위원회의 신청 내용을 발표함. 조직에 대한 상세한 연대기적 설명을 하고 여정 중에 비행기 사고로 사망한 전경무 대표위원을 대신해 참석한다고 발표함. 이 씨는 총회에서 자국 올림픽위원회의 올림픽에 대한 헌신을 보장한다고 했음. 에드스트롬 IOC위원장은 가사를 표하고 내일 결정이 나온다고 발표. 이 씨는 자리를 뜸." KOC의 IOC인준을 통하는 공한은 1947년 7월18일 자로 작성되어 발송되었으며 작성자 및 발신자는 오토 마이어 IOC사무총장이었고 수신자는 IOC총회에 한국 대표로 참석한 이원순이었다.[07] 수신자의 주소는 이스트 휴스턴 스트리트 105번지, 뉴욕 시(East Houston St. 105, New York City)로 되어 있었으며 이원순의 사무실 주소였다. 이는 당시 한국의 불확실한 우편배달상황을 고려하여 확실한 이원순의 미국주소를 이용한 것으로 보인다. KOC에 대한 IOC잠정인준(provisional recognition) 통보 공한 내용은 다음과 같다.

---

05   한국일보/Korea Times 한인사회
06   IOC Stockholm Session, 1947
07   OSC Archive, 1947

"1947년 6월20일 스톡홀름에서 열린 IOC총회에서 귀 NOC가 공식적으로 인준된 것을 확인 드리려 함. 올림픽 이상의 확산을 위해 앞으로 소중한 협력을 해주실 것에 감사드림. 귀 NOC의 성공을 기원함. 생 모리츠 측으로부터 1948년 동계올림픽 대회와 1948년 런던올림픽 참가 공식초청을 받게 될 것임."

이러한 인준 소식을 전해 들었을 여운형 조선체육회장은 1947년 6월 30일 브런디지 IOC부위원장에게 정중히 감사답장을 보낸다. 이에 대한 브런디지 부위원장의 답신내용을 미루어 볼 때 당시 IOC의 KOC인준은 조건부 인준(in a sense, provisional)이다. 또한 한국 정부가 정식으로 수립되면 다시 검토할 것이며 한 국가에서 한 조직만 인준되니 북쪽의 아마추어 스포츠 및 선수들 또한 포함시킬 수 있기를 희망한다(It will be highly desirable for you to obtain control of amateur sport in the northern zone.)고 적시했다. 별도로 브런디지 부위원장이 이원순에게 보낸 서한(1947년 7월14일)에서는 좀 더 상세하게 기술된 내용이 다음과 같이 담겨 있다.

"…(중략) 그러나 이 인준은 한국의 정치적 상황 때문에 조건부임을 명심하기 바람. 이번 인준은 독립정부 이전에 승인이 된 첫 사례임. 한국이 독립국이 되면 다시 평가될 것임. 그래서 남북 선수를 모두 관장하는 단체가 되길 매우 희망함. 한 국가에 한 단체만 승인되기 때문임. 다음에 한국 팀이 런던에 올 것이고 성공을 빔."

IOC와 NOC

IOC는 세계 207개 NOC를 회원국으로 승인하고 있고, 동·하계올림픽 개최도시 선정 및 올림픽 개최권 부여·승인·감독·지도책임이 있으며, 전 세계 올림픽운동을 관할하는 최고의결기관이다. IOC는 개인자격 70명, 국제경기연맹(IF)자격 15명, 국가올림픽위원회자격 15명, 선수출신자격 15명 등 총 115명(집행 위원 15명 포함)의 IOC위원을 정원으로 하고 있다. 우리나라의 경우는 과거 KOC가 이에 해당되며, 동·하계올림픽 한국대표 선수단 파견을 비롯하여 대한민국 영토 내에서 올림픽운동 및 올림픽 휘장권, 올림픽용어사용, 올림픽관련행사승인 등을 관할 감독 및 통할하는 조직이지만, 법적 지위는 미확보된 채로 있었다. 이후 대한체육회 정관 개정위원회(9명)에서 조직체계 등을 검토 완료하여 정부의 승인을 받아 2009년 KOC에서 다시 2016년 통합대한체육회(KSOC)로 재출범하여 법적 지위(특수법인)를 보강 및 확보하였다. 현 KSOC는 NOC기능과 생활체육협의회 기능이 복합적이고 융합적으로 통합되어 있어 올림픽운동과 관련된 업무에 집중하고 있는 전 세계 대다수 NOC들과의 기존 기능 및 역할에 있어 차이점이 있다. 국민체육진흥법에 규정된 KSOC의 법적 지위는 순수한 NOC라기 보다는 복합적 체육관할 통합단체로서 올림픽헌장이 명시한 NOC의 자율성과 독립성을 요구하는 조항을 고려해 볼 때 다소 미흡한 면이 있다.[08] 올림픽헌장에 의하면 각국 NOC의 역할과 기능은 다음과 같다.

NOC는 해당국 내에서 국가올림픽아카데미(NOA), 올림픽박물관 등과 같이 올림픽교육 전문기관 창설, 그리고 올림픽운동과 연관된 문화프로그램 활성화·장려는 물론, 특히 스포츠 및 체육교육기관과 대학 등 각 급 학교에서 올림픽교육프로그램을 증진시킴으로써 해당국에서 올림피즘의 기본원칙과 가치를 고양시킨다. 해당국 내 올림픽헌장 규정이 준수되도록 보장한다. 생활체육뿐만 아니라 엘리트스포츠 발전을 장려한다. 다양한 이수과정 등을 개설하여 스포츠행정가를 육성·양성토록 지원하며, 그러한 일련의 과정들이 올림피즘의 기본원칙 파급에 기여토록 노력한다. 스포츠 활동에서 차별과 폭력을 방지하기 위한 조치를 취한다. 세계 반 도핑규약을 채택하고 이행한다. 올림픽 및 IOC가 후원하는 지역, 대륙, 세계종합대회에서 소속국가를 대표하는 독점권한을 보유한다. 소속 국가에서 올림픽를 유치 신청할 국내 도시를 선정하고 지명하는 독점적 권리를 보유한다. NOC는 고유임무 수행을 위하여 정부기관과 협력하여 원활한 관계를 구축할 수 있다. 그렇지만 올림픽헌장에 모순되는 어떠한 행위라도 동참해서는 안 된다. 비정부기구와도 협력할 수 있다. 반드시 고유의 자치권을 보존해야 하며, 또한 올림픽헌장 규정에 어긋날 수 있

---

08 대한체육회장 선출 후 문체부장관 승인 의무조항 및 회장 선거 과정이 NOC자율적 진행이 아닌 국가기관인 선거관리위원회의 감독권 하에 관리되고 있는 조항 등

는 정치적·법적·종교적·경제적 압력을 포함한 모든 종류의 외압을 물리쳐야 한다.

다음은 NOC의 권리와 권한이다.

> NOC는 '국가올림픽위원회'로서의 신분을 스스로 규정·확인하며, 지칭할 권리가 있다. 올림픽헌장을 준수하여 선수, 팀 임원, 기타 선수단 요원들을 올림픽에 파견할 권리를 가지고 있다. IOC가 주관하는 올림픽 솔리대리티(Olympic Solidarity: 올림픽운동 단결도모사업)의 지원을 받을 권리가 있다. IOC가 승인하고 관련 올림픽헌장 규정(제7~14조 및 부칙 7~14 항)에 부합되는 일정한 올림픽재산권을 행사할 권리가 있다. 지역대회를 포함하여 IOC가 주최하거나 후원하는 행사 및 활동에 참가할 수 있는 권리가 있다. IOC가 승인한 대륙 별 NOC 연합에 소속될 권리가 있다. 올림픽 조직관련 사항을 포함하여 올림픽헌장과 올림픽운동 전반에 걸친 사안에 대하여 제안사항을 제출할 권리가 있다. 올림픽조직을 위한 유치신청과 관련된 사안에 대한 의견을 제시할 권리가 있다. IOC의 요청에 의거하여 제반 IOC 분과위원회 활동에 참여할 수 있는 권리가 있다. 올림픽 콩그레스(Olympic Congress) 준비업무에 공동 참여할 권리가 있다. 올림픽헌장 상 또는 IOC가 부여하는 기타 다른 권한을 행사할 권리가 있다.

어떤 NOC가 올림픽헌장 규정을 위반한 경우에 부과되는 규제 및 제재조치 와는 별도로, IOC집행위원회는 해당 NOC 소속국가에서의 올림픽운동보호하기 위하여 적절한 결정을 내릴 수 있다. 만일 해당국가의 헌법, 법률, 정부나 다른 유관기관의 행정처분 등이 NOC 고유의 활동 또

는 NOC 자체의 의지생성이나 표출이 방해받게 될 경우 IOC집행위원회
는 해당 NOC의 자격정지나 승인취소 등의 결정을 할 수 있다. IOC집행
위원회는 그러한 결정을 내리기 전에 해당 NOC에 사전 진술기회를 부여
한다. 따라서 위에 열거한 해당 NOC의 자치권(행정권, 예산집행권, 법적 지위 등
법률이 정하는 권리와 의무) 그리고 규정 등에 의한 NOC 자체의 의지생성이나
표출이 방해받게 되어 정부나 다른 유관기관의 행정처분 또는 구속적 규
정과 법규 등으로 인해 그 법적 지위가 보장되어 있지 아니한 NOC는 결
국 IOC집행위원회의 자격정지나 승인취소 등의 제재조치규정 적용대상
이 될 수 있다.[09]

올림픽헌장규정을 위반할 경우 IOC는 해당국가의 NOC자격을 정지시
키고 올림픽 등 국제스포츠행사참가를 금지시켜 왔다. 쿠웨이트와 인도
가 그 대표적인 사례인데 쿠웨이트는 정부가 NOC위원장 및 경기단체장
을 직접 임명했다는 이유로 징계를 받았다. 이에 근거하여 쿠웨이트 선
수단은 2010년 광저우 아시안게임 개회식과 2016년 리우올림픽 개회식
에 자국 국기 대신 올림픽기를 들고 입장했다. 인도 또한 NOC 집행부 선
거에 정부가 개입한 사실이 드러나 IOC로부터 자격정지를 당했다. IOC

---

09 올림픽헌장 50조 2항. "올림픽 개최장소, 경기장 또는 기타 지역 그 어떤 곳에서도 정
치적, 종교적, 인종적 선전을 표출하는 어떤 종류의 행위도 불허된다." 50조 2항 부칙
1조에는 정치적 선전과 상업적 광고 문구 표기에 대한 구체적 관련 대상자, 대상물품,
스포츠의류, 스포츠 등 각종 기구와 매개체 에 어떠한 형태로도 부착내지 표출하지 못
하도록 규정하고 있으며 이 규정 위반 시 IOC집행위원회는 해당 선수나 선수단의 자
격박탈 또는 AD카드 취소 재제조치를 가할 수 있다고 명시하고 있다.

는 정치적 압력으로부터 올림픽정신과 이념을 지키고 각국 NOC의 자율성을 보호하기 위하여 정치적 불간섭 원칙을 엄격히 요구하고 있다. 2012년 런던올림픽에서 축구동메달 확정 후 독도 세리머니를 펼쳤던 대한민국 축구대표선수 박종우에게 징계조치를 취한 것도 같은 맥락이라고 볼 수 있다. 향후 올림픽헌장에 명시된 NOC자율성 및 독립성 조항에 부합하려면 임원(위원장)선거 역시 정부기관인 중앙선거관리위원회 관리감독 대신 NOC자체규정에 입각하여 자율적으로 실시해야 하며 이 경우 현 대한체육회(KSOC)의 NOC로서의 조직과 규정과 성격 및 지위는 연구과제로 남을 수밖에 없다.

대한민국 NOC의 법적 지위

2008년 5월 26일 대한체육회 임시대의원총회는 사상 초유의 잔여임기 1년 미만(9개월)의 대한체육회장을 자유 경선에 의한 비밀투표로 선출하였다. 국내외 스포츠단체는 물론 거의 대부분의 일반사회조직 및 단체는 수장의 잔여임기가 1년 미만이면 수장 대행체제로 가는 것이 관례인 점을 감안할 때 매우 이례적이었다고 생각된다. 잔여임기+공식임기(4년)의 공식이 성립되지 아니한 것도 특이한 경우이다. 제34대 대한체육회장을 역임했던 이연택 회장은 9개월 임기의 과도기 관리형인 제36대 대한체육회장으로 취임하여 체육계구조조정, 2008년 베이징올림픽 한국선

수단 구성, 남북한 선수단 협조문제(상징적 단일팀)[10], 베이징올림픽기간 중
벼랑 끝에 몰린 한국스포츠외교 위상강화 등과 같은 핵심 과제들을 풀어
나가야 할 막중한 책임을 맡았던 것이다. 당시 이연택 회장은 대한체육
회장으로 선출된 직후 개최된 2008년도 임시 KOC 총회에서는 KOC 현
행규정 제9조(KOC위원장은 사전에 임원개선을 목적으로 소집된 총회에서 대한체육회장
을 추천 선임한다)에 의거, 전임자 잔여 임기인 임기 9개월의 KOC위원장으
로 선출되었다. 올림픽헌장에 명시된 "NOC는 반드시 고유의 '자치권'을
보존해야 하며, NOC 자체가 올림픽헌장 규정준수에 방해가 될 수 있는
정치적·법적·종교적·경제적 압력을 포함한 모든 종류의 외압을 물리쳐
야 한다."라는 규정과 "만일 해당국가의 헌법, 법률, 정부나 다른 유관기
관의 행정 처분 등으로 말미암아 NOC 고유의 활동 또는 NOC 자체의 의
지생성이나 표출이 방해받게 될 경우 IOC집행위원회는 해당 NOC의 자
격정지나 승인취소 등의 결정을 한다."라는 내용을 음미해볼 필요가 있
다. 다시 말하면 'NOC 고유의 자치권'이란 사회통념상 행정·인사권, 예
산회계 집행권 등을 행사할 수 있도록 법률이 정하고 보존해주는 권리와
의무를 지닌 '법적 지위'를 그 기본으로 하고 있는 것이다. KOC는 1968
년 방콕아시안게임 이후 대한체육회에 통폐합되어 대한 체육회의 특별
위원회란 성격의 법인자격이 없는 임의 기구였다. 대한체육회 규정에 의
거 KOC사무국 업무는 대한체육회 사무처에서 함께 관장함으로써 국내

---

10   윤강로 '스포츠외교 칼럼 제4호': 2008. 02. 2 제안사항 또는 개폐회식 공동입장 등.

외 업무수행에는 아무런 문제가 없어 보이지만 국내법상 KOC가 실제로 법적 지위가 없으므로 당시 KOC란 명칭과 로고 등이 사용되는 조건으로 체결한 제반 계약서는 엄밀히 말해서 법적 보호효과는 없었던 것이다.

국제관련 계약(IOC Worldwide TOP Partnership, 올림픽 개최 확정에 따른 개최도 시협약서: Host City Contract 서명) 등은 KOC가 당연한 계약당사자로서 서명을 했지만, 만일 상대측에서 KOC의 법적 지위 확인 요구상황이 발생할 경우 속수무책으로 계약해지는 물론 IOC의 입장으로 보면 한국 내 NOC로서의 독립적·자율적 자치권 미확보란 빌미가 생겨 KOC의 자격정지 내지 승인취소에까지 이를 수 있는 문제의 소지를 잉태하고 있는 실정이었다. 따지고 보면 9개월짜리 KOC위원장의 선출과정이나 절차도 'KOC의 고유 자치권'이 실종된 사례였다고 볼 수 있다. 필자는 향후 법적 자격 검증시비를 벗어날 수 있는 방법은 KOC를 명실상부하게 분리·독립시켜 명실상부한 대한민국 내 올림픽 및 엘리트 스포츠를 총괄하는 법적 단체로서 체제를 갖추게 한 후 KOC위원 중에서 능력과 자격을 겸비한 적격자를 위원장으로 별도 선출하거나, 아니면 대한올림픽체육회로 명칭을 개칭하여 '대한체육회' 회장선거가 아니고 통합적 올림픽 및 체육통할단체인 '대한올림픽체육회'의 회장선거를 치러 한국 NOC의 수장을 선출하는 두 가지 방안을 제안한 바 있었다.

이후 KOC는 '대한올림픽체육회'의 특성을 지니고 있는 조직형태로 볼 수 있었다. 외국에서 자주적인 NOC의 법적 지위를 보장한 사례로는 미국에서 공법으로[11] 공포된 '아마추어스포츠 법'이[12] 있다. 이를 바탕으로 미국올림픽위원회(USOC)는 미국 내 유일한 스포츠통할기구로서 법적 지위와 최대의 법적 권리를 지닌 법인조직으로서 명실상부한 미국 최고 유일의 스포츠관장 기구로서의 권위를 법률에 의해 보장받고 있었다. 2018년 전대미문의 래리 나사르(Larry Nassar) 미국체조대표 팀 닥터의 성 추문 사건에 관리소홀 및 도의적 책임을 지고 사퇴한 래리 프롭스트(Larry Probst) USOC위원장에 이어 여성 위원장이 2019년 신임위원장으로 지명 선출된 바 있다. 이를 계기로 USOC는 올림픽뿐 아니라 패럴림픽까지 통할하는 미국올림픽 및 패럴림픽 위원회(USOPC: U.S. Olympic and Paralympic Committee)로 변신하였다

대한민국과 같이 1988년 서울올림픽을 포함한 각종 국제스포츠행사들을 훌륭히 치르고 세계스포츠강국으로 알려진 국가의 NOC(즉 KOC)가 법적 지위(법인)도 부여받지 못하고 있었다. 또한 KOC가 유사스포츠단체에 통폐합된 상태의 임의기구로서 존치되어 그 명맥만 유지하고 있으면서도 올림픽헌장 규정을 충실히 지켜 나가는 다른 나라의 '자치권보유 NOC'처럼 국내외 올림픽운동에 참여하고 있다는 사실은 IOC의 입장에서 볼 때 이해하기 힘든 연구과제였을 것이다. 2008년 5월27일자 코리아타임즈는 스포츠 면에 "이연택 전 대한체육회장이 한국최대 스포츠 조직

---

11 Public Law/95-606/1970. 11. 8 제95차 상하원회의

12 Amateur Sports Act of 1978

인 대한체육회의 수장으로 다시 선출되었다."고 KOC 로고와 함께 보도하였다. 동 기사에 의하면 KSC 회장선거에 대한 보도내용이 전부이고 KOC 위원장 선출에 대한 기사는 한 줄도 없었다. 다시 말해서 KOC위원장 선출 내용이 전무하므로 IOC나 국제스포츠 계에서는 KOC 위원장은 선출직이 아니고 그냥 KSC 회장이 자동 겸직하는 것으로 인식되었다. 당시 KOC 실무업무를 맡고 있는 대한체육회 사무처 내의 국제협력본부에서는 9개월 임기의 단기 대한체육회장으로 선출된 대한체육회장의 'KOC위원장 추천선임/자동겸임 규정'에 의거 신임 KOC위원장이 선출되었다고 당시 자크로게 IOC위원장, 5개 대륙 79개국에 거주하는 IOC위원 113명,[13] 당시 세계 각국 올림픽위원회 총연합회(ANOC) 마리오 바즈케즈 라냐 회장을 비롯한 204개 NOC 위원장들, 또한 국제경기연맹을 포함한 주요 국제 스포츠기구 수장들에게 사실 그대로 알리지는 못하였다. 그냥 두리뭉실한 표현으로 신임 KOC위원장이 KOC위원총회에서 선출되었다고 통보 내지 홍보할 수밖에 없었을 것이다. 개정된 KOC정관은 NOC중심조직으로 천명되어 일단 더 이상 국제적 시비는 없을 성싶게 개정되었다.

이후 2019년 8월22일 발표된 '스포츠혁신위원회 권고안'에 대하여 대한체육회(회장 이기흥)는 같은 날 오후 입장문을 내고 전국소년체육대회 및 전국체육대회 구조개편, 주중대회 개최 금지, 경기력 향상 연구연금제도 개편, 대한체육회-대한올림픽위원회 분리에 반대했다. '대한체육회와 대

---

13 정원은 115명

한올림픽위원회를 2021년까지 분리해야 한다'는 내용이 문화체육부 스포츠 혁신위원회 발표문에 포함되자 반발 성명을 내기에 이르렀다. 체육회는 KOC 분리와 관련 "KSOC는 정치적·법적으로 자율성을 유지해야 한다고 IOC헌장에 명시되어 있음에도 불구하고 내부 구성원(대의원)들의 충분한 논의를 통한 자발적 의사 없이 법 개정으로 KOC 분리를 추진하겠다는 생각은 지극히 비민주적인 방식임을 지적하지 않을 수 없다."라고 하였다. 또한 "2032 하계올림픽 남북 공동 유치를 신청한 국가에서 IOC 헌장을 위배하고 졸속으로 처리하는 것은 비록 권고안이라 할지라도 국제스포츠 계에서 웃음거리가 될 것이다."고 비판했다고 보도되었다. 대한체육회는 "대한체육회와 국민생활체육회가 통합한지 3년여밖에 지나지 않았으며, 아직도 지역체육단체와 회원종목단체가 통합의 과정이 진행 중인 시점에 KOC 분리는 '대한민국 체육 살리기'로 보이지 않는다." 라면서 "특히 지방자치단체장과 지방의회 의원의 체육단체장 겸직금지법에 의하여 전국의 모든 지역체육회장을 민간인으로 선출해야 하는 중차대한 시점에 대한체육회의 이원화를 논하는 것은 지역체육회 및 회원종목단체의 자율성과 자치권 신장에 커다란 지장을 초래할 수 있다."고 전했던 것으로 알려졌다. 이어 "스포츠혁신위의 권고안은 그 동안 대한민국 체육이 이루어 온 성취를 폄하하고 체육계를 혼란에 빠뜨리고 있다. 또 권고안이 만들어지는 과정에서 체육인들로부터 충분한 의견 수렴을 하지 않았다. 체육에 대한 깊은 이해와 공감이 없는 권고안이 어떠한 과정과 근거를 통해 발표되었는지 밝혀야 할 것이다."고 덧붙였다.

대한체육회는 그 동안 자체적으로 준비해온 쇄신안을 이사회, 대의원 간담회, 체육단체의 의견수렴 과정을 거쳐 정부에 건의하고 2019년 9월 2일 기자회견을 통해 입장을 발표하였는데 대한체육회-대한올림픽위원회 분리 안에 대하여 재차 반대 입장을 밝혔다. 대한체육회는 2019년 9월 2일 충북 진천 국가대표선수촌에서 열린 기자회견에서 "도쿄올림픽이 1년도 안 남았고 ANOC 총회나 2024년 동계청소년올림픽, 2032년 하계올림픽 남북공동개최추진을 앞두고 기관 분리는 적절하지 않다."고 선을 그었다고 보도되었다. 반면 2017년 3월21일 시행된 국민체육진흥법 제33조 통합체육회 항에 의하면 'KSOC는 체육대회 개최와 국제교류의 사업과 활동을 하기 위하여 문화체육관광부의 인가를 받아 통합체육회(이하 체육회)를 설립한다.'고 되어 있다. 또한 6항 3호는 '체육회는 법인으로 하며 체육회의 임원 중 회장은 정관으로 정하는 바에 따라 투표로 선출하되 문화체육관광부장관의 승인을 받아 취임한다.'고 되어 있다. 이 항목에서 KSOC 회장은 투표로 선출하지만 문체부장관의 승인을 받아야 취임할 수 있는 조항(6항 6호)은 엄격히 보면 올림픽헌장에 명시된 NOC의 자율성과 독립성 조항에 배치되는 것이 주지의 사실이다. 따라서 정부의 승인 하에 있고 막대한 정부예산(연간 약 4,000억 원)으로 운영되고 있는 KSOC는 정부로부터 자유로울 수 없음을 인정해야 할 작금의 현실이다. 올림픽헌장 27조 6항은 "국가올림픽위원회는 정치, 법, 종교, 경제적 압력을 비롯한 어떠한 압력에도 굴하지 않고 자율성을 유지해야 한다."고 명기되어 있다. 이 같이 명시된 NOC의 자율성과 독립성 조항은 NOC

선거 또한 자율적 선출을 시행할 것을 내포하고 있지만 현 국민체육진흥
법(33조 6항 7조)에 의하면 "체육회는 제6항에 따른 회장 선출에 대한 선거
관리를 정관으로 정하는 바에 따라 '선거관리위원회 법'에 따른 중앙선
거관리위원회에 위탁하여야 한다."고 되어 있는 것 또한 현실이다. 어떠
한 경우라도 정부의 간섭을 배제하도록 규정하고 있는 올림픽헌장규정
을 위반할 경우 IOC는 해당국가의 NOC자격을 정지시키고 올림픽 등 국
제스포츠행사참가를 금지시켜 왔다. 대한민국의 NOC가 자율성과 독립
성을 견지하면서 정부와의 원활한 협력관계를 유지해야 하는 과제가 남
아 있다.

미국의 경우 NOC위원장 선거는 USOC의[14] 최고의결기관 격인 집행이
사회에서 권한을 위임 받아 올림픽운동에 기여할 만한 경력과 배경과 경
륜을 겸비한 인사를 검증한 뒤 한국처럼 대규모 선거인단 대신 스포츠계
지도자급들로 구성된 집행이사회에서 검증과 협의를 통해 위원장(USOPC
집행이사회 의장 겸 미국 NOC위원장) 선출문제를 결정하는 것으로 알려져 있다.
USOPC는 16명의 집행이사들 및 CEO가 최고책임자인 사무처 전문 직원
들에 의해 운영된다. USOPC는 '패럴림픽'(Paralympic)이란 단어를 NOC명
칭에 포함시킨 세계 최초의 NOC이다. USOPC는 3개의 특별자문평의회
로 구성되어 있는데 선수자문평의회(AAC), 각 종목경기단체연합 평의회
(NGBC) 및 다중종목 스포츠관장조직 평의회(MSOC)를 포함하여 집행이사

---

14   2019년 6월20일 미국올림픽 및 패럴림픽 위원회(USOPC)로 명칭 변경

회 및 USOPC사무처 직원들에게 의견전달 및 자문역할을 담당하고 있다. AAC와 NGBC 출신 임원 각 3명씩 6명과 개인자격 6명 등 12명을 비롯하여 USOPC CEO 1명과 미국 IOC위원 2명은 당연직 집행이사로 모두 15명으로 구성되어 있다.[15] 3개 특별자문 평의회 외에 패럴림픽 자문위원회(PAC)와 대내외 전문가들로 구성된 실무그룹도 USOPC의 효율적이고 효과적인 조직운영에 만전을 기하도록 협조하고 있다. 향후 대한민국 NOC도 현재 복잡다단한 조직 및 지배구조를 지양하고 미국 방식을 벤치마킹하여 유사한 조직 및 지배구조를 응용하고 적용하여 운영하는 것도 고려해 봄직하다.

현재 KSOC의 경우 국민생활체육회롤 통합한 엘리트 및 생활체육을 한데 아우르는 거대 조직이다. 향후 운영상, 지배구조상 효율성을 제고하기 위하여 기존 (1)대한체육회+국민생활체육회와 (2)대한올림픽위원회+한국패럴림픽위원회(KOPC)와 같이 양대 통합조직으로 새롭게 출범하는 방식도 생각해 볼 수 있다. 앞으로 분리든 대 통합이든 관계없이 KOC에 대한 법적 지위부여문제는 스포츠선진국으로 가기 위한 시금석이다. 법적 지위가 공고해야 스포츠외교가 바로 선다. 정직이 최선의 정책이다. 대한민국 NOC가 올림픽헌장 규정에 충실해야 하는 것은 올림픽이나 세계선수권대회에 참가하는 선수들을 해당종목 관장 국제경기 연맹이 제

---

15 당초 16명에서 NOC위원장 자격 IOC위원이었던 USOC위원장 래리 프롭스트(Larry Probst)의 사임으로 1명 감소되었다가 2020년 현재 3명으로 증원.

정한 경기규칙과 규정에 부합되도록 선발하고, 그 선발된 선수들은 국가 대표선수들로서 성실하게 규정을 준수하면서 경기에 최선을 다해야 하는 것과 일맥상통한다. 페어플레이정신은 스포츠맨십과 신사도를 지켜주는 초석이기도 하다. 열정적 노력과 헌신적 희생이야말로 성공으로 가는 지름길이다.

KOC 구성 및 체육회 통합

대한체육회의 영문 명칭은 과거 일본체육협회(JASA)를 참고하여 KASA를 사용하다가 1990년대에 이르러 올림픽헌장에서 아마추어란 용어가 사라지자 당시 IOC부위원장이었던 김운용 대한체육회장 겸 KOC위원장의 발의로 대한체육회 이사회의 승인과정을 거쳐 'KSC'(Korea Sports Council)로 개칭하였다. 그러나 2009년 6월24일 대한체육회 대의원총회 및 KOC위원총회에서 두 단체를 완전 통합하여 한글로는 '대한체육회', 영어로는 'KOC'로 표기하기로 함으로써 국내와 국제적 명칭이 다르지만 NOC중심조직으로 태동하게 되었다. 따라서 KOC의 한글 명칭인 '대한올림픽위원회'는 삭제되고 영문 명칭인 KOC만 남게 되었다. 같은 맥락에서 대한체육회의 영문 명칭인 KSC도 삭제되고 한글 명칭은 남아 있었지만, KOC(Korean Olympic Committee)라고 표기되는 특이한 현상이 나타났다. 2010년 5월에는 태극문양 하단에 오륜으로 되어 있던 기존 KOC 로고도 새롭게 디자인되었다.[16] KOC조직의 핵심 직책인 사무총장도 KOC란 조직의 특수성으로 인해 비상근 명예직이었다. 또한 그 명칭도 과거 분리 독립되기 전 일본올림픽위원회(JOC)가 일본체육협회 산하의 특수조직으로 운영된 관계로 JOC 사무총장의 공식 직함인 '명예 총무'를 그대로 답습하여 사용하였다. 그러다가 김정길 전 KOC위원장의 취임과 함께 KOC의 역할 및 기능강화의 일환으로 'KOC 사무총장'직을 상근직으로 전환시켰지만, 명칭은 '명예'자만 떼어낸 일본식인 '총무'로 호칭한 바 있다.

1920년 일제강점기 시절에 태동된 조선체육회가 1948년 대한민국 정부수립 직후 대한체육회로 개칭되었다. 그런데 '지육-덕육-체육(智育-德育-體育; 원래는 덕육-체육-지육의 순서라고 함)의 의미 중 '신체를 통한 교육'이라는 가치관과 취지에 따른 대한체육회의 영문 명칭은 'KAPE(Korea Association for Physical Education)'이라고 할 수 있으나, 지금의 'KSC(Korea Sports Council)'는 대한스포츠협회의 영문번역이라고 생각된다. 국립인 '한국체육대학교'도 현재 사용되고 있는 'Korea National Sport University'보다는 'Korea National University of Physical Education'이 본래의 교육기능과 대학설립취지에 맞지 않을까 생각한다. 물론 관점과 시각에 따라 이견이 있을 수도 있다. 우리나라에서는 기능과 역할에 차이가 있는 '스포츠'와 '체육'의 개념을 같은 뜻으로 이해함으로써 영문으로 부를 때에도 구별 없이 사용하는 경우가 자주 있다. 일본의 경우, 우리나라 체육조직

---

16 KOC 슬로건: To the World, Be the Best

의 모델이었던 JASA의 특별위원회에 이어서 독립적 기능을 발휘하지 못했던 JOC가 2000년경 1984년 LA올림픽 이래 동·하계올림픽 등 국제종합대회에서의 일본 대표선수단의 지지부진한 경기력과 성적을 향상시키고, 일본의 스포츠외교분야의 국제화와 활성화를 기하기 위한 방편으로 JASA로부터 분리 독립하면서도 체제는 JASA와는 상호협력단체로 그 기능과 역할을 규정함으로써 분리 독립으로 인한 후유증을 최소화하였다고 한다. 그 결과 일본은 2004년 아테네올림픽에서 종합성적 세계 5위라는 괄목할 만한 성과를 올린 바 있다.

쿠베르탱 남작이 부활한 근대올림픽이 개최된 1896년의 우리나라는 구한말로서, 쇄국정책의 굴레에서 점차 벗어나고자 결행한 갑오경장(1894)을 계기로 개화의 물결이 밀려오기 시작한 시대였다. 이때 서양문물과 함께 흘러 들어온 스포츠나 체육은 당시 정확한 개념조차 성립되지 못하고 있었다. 경술국치(1910) 10년 뒤인 1920년 7월13일에야 대한체육회의 모태인 조선체육회가 창립되었다. 일본의 경우 이미 1911년 일본체육협회가 조직되어 1912년 제5회 스톡홀름올림픽부터 선수단을 파견하기 시작하였다. 1932년 LA올림픽에는 조선 사람으로는 처음으로 3명(마라톤의 김은배와 권태하, 복싱의 황을수)이 일본국적의 선수로 참가하였다. 1936년 베를린올림픽에는 '일장기 말소사건'의 주인공인 손기정이 마라톤 경기에 참가하여 한민족 최초의 올림픽 금메달리스트(일본국적)가 되었다. KOC가 IOC에 정식 가입하여 NOC로서 태동한 시기는 대한민국 정부수립 1년 전인 1947년 6월20일 제41차 스톡홀름 IOC총회에서 승인받은 때이다. 당초 1948년 제14회 런던올림픽 참가를 염두에 두고 결성 및 승인된 KOC는 정부수립 7개월 전인 1948년 1월30일~2월5일 스위스 생 모리츠에서 개최된 제5회 동계올림픽에 사상 최초로 선수단 5명(감독 1 명, 선수 3명, 매니저 1명)을 파견하였다. 이어 정부수립 직전인 1948년 7월29 일~8월14일 개최된 제14회 런던올림픽에는 69명의 선수단을 파견하여 동메달 2개(복싱의 한수안, 역도의 김성집)를 획득하면서 전 세계에 대한민국 을 알렸다. 런던올림픽 폐회식 다음날인 1948년 8월15일 대한민국 정부 수립과 함께 조선올림픽위원회는 대한올림픽위원회로 바뀌었다. 그 후 "1964년 9월 8일 KOC는 문교부장관의 승인을 얻어 사단법인체로 정식 출범함으로써 대한체육회에서 완전 분리된 독립기구로 새 출발을 하게 되었다."[17]

초대 KOC위원장은 이상백 IOC위원이었다. 2년 후인 1966년 4월14 일 이상백 초대위원장이 별세하자 부위원장이었던 장기영이 제2대 KOC 위원장이 되면서, 상임위원 15명과 비상임위원 23명을 선출하여 체제를 재정비하기에 이르렀다. 그러나 KOC(선수단 파견 주최)는 1966년 방콕 제5 회 아시안게임에서 대한체육회(우수선수 강화훈련 전담)와 선수단 구성과정 부터 심한 갈등양상을 빚어 결국에는 방콕 현지에서 주도권 다툼으로 인 한 불상사가 일어나기도 하였다. 이로 인해 국내에서는 당시 대한체육 회, 대한올림픽위원회 그리고 대한학교체육회로 3분화되어 있던 체육관

---

17 KOC 50년사 53쪽

할조직을 1968년 3월1일 정부주도에 의해 '대한체육회'로 통폐합하기에
이르렀다. 이에 따라 대한올림픽위원회 자체는 새로 통합된 대한체육회
의 특별기구로 개편되어 별도법인 자격이 상실됨으로써 'KOC정관'대신
'KOC규정'을 가지고 대한체육회 내의 특별위원회 성격으로서 명목상의
업무를 보게 되었다. 따라서 4년 간(1964~1968) 사단법인이었던 KOC는 법
인자격이 상실되어 그 이후부터 2008년까지 40년간 인사권과 재정권 등
은 대한체육회에 귀속되었으며, KOC 사무국의 업무와 기능도 대한체육
회 사무처에서 관장하여 왔다. KOC위원장은 KOC위원총회에서 별도로
'자체 경쟁 선출'하지 아니하고 대한체육회장으로 선출된 인사를 '추천
및 선임'하는 추대방식으로 선출하였다. 따라서 과거 대한체육회장으로
선출됨과 동시에 KOC 위원장이 되도록 정관이 바뀌었다. 그러다가 2009
년에는 '대한체육회(KOC)'라는 명칭으로 재구성됨으로써 한글로 '대한올
림픽위원회'라는 우리말 명칭은 사라지고, 동시에 대한체육회의 영문 명
칭인 'Korea Sports Council'도 자취를 감추게 되었다. KOC는 1955년 이
기붕 위원장을 초대 IOC위원으로 배출하였고 이상백, 장기영, 김택수, 박
종규, 김운용, 이건희, 박용성, 문대성(8년 임기의 선수자격) 위원, 유승민(8년
임기의 선수자격), 이기흥(국가올림픽위원회 NOC자격) 등 11명이 그 뒤를 이었다.
박용성 전 IOC위원(2002~2007)은 KOC와 관계없이 국제유도연맹(IJF) 회장
자격으로 IOC위원활동을 한 바 있으며, 2008년 베이징올림픽에서 동료
선수들에 의해 최고득표로 당선된 문대성 IOC위원(2008~2016) 및 유승민
IOC위원(2016~2024)은 선수자격으로 KOC가 IOC에 후보로 추천하여 선출

된 케이스다.

　우리의 IOC위원들은 1986년 아시안게임과 1988년 올림픽 양 대회뿐 아니라 2018년 평창 동계올림픽의 성공적 유치와 개최를 비롯하여 수많은 주요 국제스포츠행사를 유치하여 성공적으로 치러내고, 태권도가 올림픽정식으로 채택되도록 측면 지원하였으며, 올림픽을 포함한 주요 국제대회에서 우수한 성적을 거두어 스포츠 강국으로서의 면모를 과시하는데 중추적 역할을 다해왔다. KOC는 한 때 세계 207개 NOC들 중에서 상위권으로 인정받고 활발한 스포츠 외교력을 발휘한 바 있었지만 최근 활약은 기대에 못 미치고 있음이 현실이다. 보다 미래지향적·지속발전적인 패러다임을 추구해야 할 때다. 이를 위해서는 KOC의 기구와 조직을 효율적· 효과적·능률적·실용적·기능적 측면에서 조율할 필요가 있다고 본다. IOC의 경우 IOC위원의 정원은 115명이며 8년 임기(추후 1회 4년 연임가능)의 IOC위원장 1명, 부위원장(임기 4년 연임가능) 4명, 집행위원(4년 임기 연임가능) 15명 및 사무총장(임명 직) 1명으로 구성된 집행위원회가 있다. 이들은 모두 IOC총회에서 비밀투표로 경선에 의해 선출된다. KOC가 당시 기구적 측면에서 독립적으로 가동했을 당시 KOC위원은 87명(상임위원 30명, 위원 55명, 감사 2명)으로 구성되어 있었으며 4년 임기의 선출직(추대 및 선임) 위원장(연임 가능) 1명, 4년 임기의 부위원장(위원장이 위원총회로부터 위임받아 권한행사: 준 임명직) 14명(KOC규정에는 '약간 명'으로 명시되어 있음), 4년 임기의 임명직 명예총무(비상근 사무총장 기능) 1명과 KOC규정에 명시된 직능별 4년 임기의 상임 위원(집행위원에 해당) 14명 등 30명으로 구성된 상임위원회로

운영되었었다. 당시 KOC위원들 중에는 개인자격위원들도 포함되어 있었다. 그러나 2009년에 개정된 대한체육회(새로운 KOC) 정관에 따르면 집행부격인 이사회는 16~21인으로 구성하도록 되어 있었다(회장 1인, 부회장 1인, 이사 19인 등). IOC는 사무처와 27개 전문분과위원회, 올림픽 솔리대리티, 올림픽박물관 등으로 구성되어 있다. 그리고 전체 27개 분과위원회에는 IOC위원 115명 전원 이 전문지식과 경력 및 능력별로 1명당 각각 평균 3~4개 분과위원회에 소속되어 올림픽운동 발전을 위해 전원 업무 참여 및 IOC위원 전원 분과위원 겸임 제도로 운영되고 있다. KOC는 사무국(과거 대한체육회/KSC가 관할) 및 각종 위원회로 구성되어 있으며, 각종 분과위원회는 별도로 위촉된 직능별 전문가로 구성되어 있으나 IOC처럼 85명의 KOC위원들의 의무적 분과위원회 배치는 이루어지지 않았고 위원들의 KOC분과위원회 참여가 미미한 편이다. 따라서 KOC위원들의 경우 매년 2월 말경 소집되는 KOC 정기위원총회 참석이 주된 기능 겸 역할 겸 활동의 전부인 것이 최근까지의 현실이다. 2009년 당시 KOC는 부위원장 1명 및 과거 상임위원격인 이사 19인으로 되어 있었으나, 향후 증원하여 많은 체육인들이 집행부에 참여할 수 있도록 하여 함께 활동하는 것이 바람직하다.

한편 새로운 KOC는 위원, 상임위원(이사), 부위원장(부회장) 등을 위촉 또는 선출할 때 반드시 기능과 역할, 책임소재와 임무를 부여하여 기능과 활동을 강화해야 할 것이다. 부위원장(부회장)들과 상임위원(이사)들은 전문지식과 경력을 바탕으로 각 종 분과위원회 위원장으로 위촉하고,

KOC위원(대의원) 전원을 최소 1~2개씩의 각종 분과위원회에 당연직 위원으로 전진배치·위촉함으로써 올림픽운동을 이해하고 기여할 수 있는 근간을 제공해주고 스포츠외교활동에도 적극 참여하여 기여할 수 있는 제도적 장치가 마련되어야 할 것이다. 예를 들면 하계종목담당 KOC 부위원장/하계종목 경기력 향상분과위원장, 동계종목담당 KOC 부위원장/동계종목 경기력 향상분과위원장, 대학스포츠 담당 KOC 부위원장/대한대학스포츠위원회 위원장, 마케팅·재정담당 KOC 부위원장/마케팅 및 재정분과위원장, 국제관계·스포츠외교담당 KOC 부위원장/국제관계 및 스포츠외교강화분과위원장 등으로 책임과 역할과 기능이 확연히 부여된 임원 발탁 및 위촉이 향후 바람직한 KOC 발전방안의 하나가 될 것이다. 또한 '스포츠외교 최고경영자·전문가과정' 등을 개설하여 KOC 임직원뿐 아니라 각 경기단체임직원들, 올림픽 메달리스트들을 포함한 경기인들, 차세대 스포츠외교관 지망생들에게도 국제스포츠계 최신동향과 흐름, 스포츠외교활동에 필요한 전문지식과 노하우 습득을 편리하게 해줄 수 있도록 하는 미래지향적 마스터 플랜을 구체화하고 실행하며, 필요예산 확보방안을 마련해야 할 것이다.

KOC의 힘과 비중은 국제스포츠 계에서 대한민국 스포츠외교력을 가늠해주는 얼굴이며 체급이기도 하다. 지금까지 KOC는 대한체육회 및 가맹 경기단체들과 조화로운 협조를 바탕으로 맡은 바 임무를 성실하게 그리고 훌륭하게 수행해 왔다. 2016년 당시 국민생활체육회를 포함하여 체육계 핵심현안으로 거론되고 있었던 체육관련 단체 및 기구의 재개편

문제는 단순히 기구통합에만 국한하지 말고 미래지향적 기능향상과 능률제고, 국제경쟁력강화, 스포츠 외교역량 최대발휘는 물론 스포츠 외교 관양성, 국제스포츠기구에 고위직임원 진출 등을 위하여 총력을 경주할 수 있는 터전이 될 수 있도록 총체적 스포츠외교의 틀을 리모델링한다는 시대적 사명의식이 강조되었어야 했다. 이제 우리는 사리사욕과 공허한 대의명분 그리고 형식적 사고방식에서 과감히 탈피하고 대한민국 스포츠의 밝은 미래가 보장될 수 있도록 정부는 물론 체육인, 경기인, 체육행정가, 스포츠외교관, 메달리스트, 체육교수, 체육언론인 등 모두가 한마음 한 뜻으로 허심탄회하게 중지를 모아 신중하게 대처해나 나가야 할 때이다. '스포츠외교'가 바로서야 국제경쟁력강화의 발판이 된다. 가까운 장래에 대한민국 출신 IOC위원장 및 사무총장, 아시아올림픽평의회(OCA) 회장 및 사무총장은 물론 '스포츠 UN총회'로 일컬어지는 국가올림픽 위원회총연합회(ANOC) 회장 및 사무총장도 나오고 국제축구연맹(FIFA)을 비롯한 많은 국제경기연맹(IF) 회장, 사무총장, 집행위원들이 줄줄이 배출되어 우리나라도 스위스나 이탈리아처럼 IOC위원 5명 정도는 보유할 수 있는 스포츠 외교강국으로 거듭나야 할 것이다. 또한 국제스포츠기구를 가능한 많이 국내에 유치함으로써 한국이 아시아 판 스위스(로잔, 취리히 등)로 탈바꿈하고, 나아가 스포츠를 통한 국위선양, 관광촉진, 스포츠외교 중심지로 자리매김할 수 있는 청사진과 실행계획이 절실한 때이기도 하다.

대한체육회장과 IOC위원

IOC집행위원회에서 추천한 신임 IOC위원 후보 10명에 대한 찬반투표가 2019년 6월24일~26일 개최된 제134차 IOC총회 마지막 날에 있었다. IOC총회 속성상 IOC집행위원회에서 추천한 신임 IOC위원후보에 대하여 20년 간 투표로 거부되어 낙마한 경우는 단 한 건에 불과할 정도의 통과의례여서 10명 모두 승인되어 10명의 신임 IOC위원이 선출되었다. 한국 NOC자격으로 이기흥 대한체육회장도 포함되어 있었다. IOC규정에 따르면 NOC자격 IOC위원의 경우 해당국 NOC 임원직을 그만 둘 경우 IOC위원 자리 또한 즉시 효력이 사라지게 된다. 2018년 말 미국 USOC위원장인 래리 프롭스트 IOC위원 역시 NOC자격으로 선출되었기에 USOC위원장직을 중도 사퇴하자 곧바로 IOC위원직에서도 물러났다. 이기흥 대한체육회장이 차기 대한체육회장 선거 재도전을 위한 대한체육회장 직에서 물러나면 원칙적으로 한국은 IOC위원 공백 사태(유승민 선수자격 IOC위원 별도, 2016~2024)가 발생하게 되었다. 대한체육회 정관 제29조 7항을 보면 "회장을 포함한 임원이 후보자로 등록하고자 하는 경우 회장의 임기만료일 전 90일 전에 그 직을 그만두어야 한다."고 되어 있기 때문이다. 따라서 규정에 의거해 2021년 1월로 예정된 선거를 앞두고 IOC위원으로 선출된 현직 대한체육회장이 입후보를 위하여 3개월(90일) 전 물러나게 되어 있었다. 그러할 경우, 한국 몫으로 대한체육회장에게 주어진 IOC위원자리 역시 원천무효가 되어 IOC규정상 일단 더 이상 IOC위원이 아니다. 올림픽헌장 규정상 이기흥 회장이 대한체육회장으로 재선될 경우 IOC위원 선출위원회 검증을 거쳐 또 다시 IOC집행위원회로부터 신임 IOC위원후보로 추천된 후 IOC총회에서 찬반 투표를 거쳐야 복귀할 수 있다. IOC가 동일 인사를 위원직 사퇴 후 다시 복귀시키는 일은 특혜에 속한다. 역사상 NOC자격으로 선출된 후 사퇴하고 재 추천 및 재 선출된 사례는 없었다. 대한민국은 서울올림픽(1988), 평창 동계올림픽(2018), 강원 동계청소년올림픽(2024) 개최국이며 2032년 서울-평양 올림픽공동유치를 추진하는 등 올림픽운동이 지구촌 국가올림픽위원회 중 가장 활발한 국가에 속한다. NOC자격이 아닐 경우 그 보다 더 유리한 만 70세까지 임기보장이 확실한 개인자격 IOC위원이 추가로 선임될 가능성은 그 어느 나라보다 높다.

1947년 6월20일 제41차 스톡홀름 IOC 총회에서 KOC가 IOC 회원국 NOC로서 승인을 받은 지 8년 만에 한국은 첫 IOC위원을 배출하였다. 당시 대통령 이승만 밑에서 권세를 누리던 부통령 이기붕이 낙점을 받아 1955년 6월 제51차 파리 IOC 총회에서 제1대 한국 IOC위원으로 선출되었다. 1952년부터 제17대 대한체육회장 겸 제6대 KOC위원장을 지내면서 1955년부터는 초대 IOC위원(4년)으로서도 활동했고 1955년 11월에는 스포츠발전에 기여한 공로로 미국 헬름스 재단이 수여하는 공로상까지 받기도 하였다. 그가 4.19혁명의 와중에서 아들 이강석의 총탄을 맞고 쓰러진 뒤 이상백이 위원직을 승계하게 되었다. 이상백 제2대 IOC위원은 농구선수 출신으로 일제강점기부터 체육협회 이사를 지냈고 1937년 국제빙상연맹(ISU) 일본대표로 국제회의에 참가하는 등 많은 국제 스포츠 경험을 토대로 인맥이 두터운 편이었다. 특히 1947년 KOC의 IOC회원국 승인 과정에서 당시 IOC 부위원장이었던 미국의 브런디지와 오랜 친구로서 결정적인 막후 지원을 했던 공로자이기도 했다. 1964년 10월 제63차 도쿄 IOC총회에서 한국의 2대 IOC위원으로 선출되었고 2년간 (1964~1966) 제10대 KOC위원장을 역임하기도 한 그는 2년간 IOC위원으로서 코리아의 이미지를 국제 스포츠 계에 많이 전파하였다. 제3대 한국 IOC위원은 '불도저(Bulldozer)'라는 별명으로 잘 알려진 장기영이었다. 언론인이며 부총리 겸 경제기획원장관으로 한 시대를 풍미했던 그는 1967년 6월 제66차 테헤란 IOC 총회에서 IOC위원으로 선출되어 1977년 4월까지 IOC위원으로서, 1966~1968 2년간 제11대 KOC위원장으로서 한국 스포츠 발전에 크게 기여하였다. 1977년 6월 제79차 프라하 IOC 총회에서 제4대 한국 IOC위원으로 선출된 김택수는 1977년 6월부터 1983년 4월까지 5년 10개월간 IOC위원으로 활동하였으며 1974년부터 1976년까지는 대한체육회장 겸 제14대 KOC위원장을 역임하였고, 국제 신사로서 파이프 담배를 즐겨 피웠던 '멋쟁이 고급 신사'로 국제 스포츠 계에 인상을 심어 주기도 하였다. 1981년 9월 독일 바덴-바덴 제84차 IOC 총회에서 1988년 올림픽 유치 당시 서울 유치 활동에 회의적이고 미온적인 태도로 일관했다는 지적도 있었던 그는 1983년 지병이었던 폐암으로 타계하였다. 1980년 제7대 IOC위원장으로 선출된 후안 안토니오 사마란치 (Juan Antonio Samaranch)가 방한하여 KOC를 방문해 정주영 KOC위원장과 면담 후 무교동 체육회

관 10층 강당에서 올림픽 훈장을 추서하기도 하였다.[18]

제5대 한국 IOC위원은 1984년 7월 제88차 LA IOC 총회에서 선출된 박종규로, 1985년 12월까지 1년 5개월간 최 단기 IOC위원으로서 활동했다. 그는 서울올림픽 준비에 따른 대 IOC 교섭 창구 및 외교채널 역할뿐 아니라 대한사격연맹 회장과 대한체육회장 겸 제15대 KOC위원장(1977~1980)으로 재임 시 한국 스포츠 사상 최초로 1978년 제42회 국제사격연맹(UIT) 세계사격선수권대회를 국내에 유치하는 등 한국스포츠발전에 크게 기여하였다. 국제스포츠 계, 특히 국제 사격 계에서는 '피스톨 박(Pistol Park)'으로 유명하였으며, ANOC 회장 겸 IOC 집행위원으로서 세계스포츠 계 세력 판도의 한 축을 뒤흔들었고 당시 라틴계 대부로서 활동한 멕시코의 마리오 바즈케즈 라냐(Mario Vazquez Rana) 회장과도 절친한 사이였다. 라냐 회장은 1980년 9월30일 독일의 바덴-바덴에서의 서울올림픽 유치작전 때 라틴계 IOC위원들의 표를 몰아주는 등 박종규 IOC위원의 부탁을 듣고 막후에서 도와준 숨은 공로자의 한 사람인 친한파이며, 2006년 ANOC 총회 서울 유치도 적극 지원했다.[19] 대통령 박정희와 끈끈한 인간관계를 맺었던 김택수와 박종규는 제5공화국 출범 초기 신

---

18 필자는 당시 KOC 국제부 직원으로서 IOC위원장과 정주영 KOC위원장 면담 및 올림픽 훈장 추서식 사회 겸 통역을 IOC 제1공식언어인 프랑스어로 진행했다.

19 라냐 회장은 필자의 국제스포츠 외교활동을 높이 샀다. 2008년 베이징에서 열린 ANOC총회 개회식에서 206개국 NOC 대표들이 모인 가운데 필자가 한국인으로는 최초로 국제스포츠 외교훈장 격인 ANOC 공로훈장(ANOC Merit Award)을 받도록 힘쓴 인물이다.

군부로부터 부정축재자로 몰리는 등 고초를 겪었다. 하지만 박종규는 의리파로서 신임이 두터워 그 와중에도 IOC위원으로 낙점 받아 지병인 간암으로 서울대학교 병원에서 타계하기 전까지 한국 스포츠 국제화와 스포츠외교 중흥에 기여한 큰 별이다. 1985년 동독 베를린에서 개최된 제90차 IOC 총회가 그의 마지막 해외 출장이 되었다.[20]

박종규의 뒤를 이은 인물은 세계태권도연맹(WIF) 총재를 역임하고 박종규 IOC위원이 청와대 경호 실장 시절 보좌관을 지낸 김운용이다. 1986년 제91차 로잔 IOC총회 때 한국의 제6대 IOC위원으로 선출되었다. 그는 한국 스포츠의 국제화 및 세계화를 통한 한국 스포츠외교의 르네상스 시대를 활짝 열었다. 1993년~2002년 9년간 대한체육회장 겸 제21대 KOC위원장을 역임한 그는 1994년 제103차 파리 IOC총회에서 태권도를 올림픽 정식종목으로 채택되도록 결정적이고 독보적인 역할을 수행하였다. 그는 한국어가 올림픽 경기언어가 되고 한국선수단의 올림픽 금메달 터전이 되도록 주춧돌을 놓았으며 반만 년 역사에 빛나는 대한민국의 국기인 태권도를 통하여 한국의 얼과 한민족의 문화를 전 세계에 심었다. IOC TV 분과위원장, 국제경기연맹총연합회(GAISF: General Association of International Sports Federations) 회장, 국제승인종목연맹총연합회(ARISF:

---

20 필자는 당시 노태우 서울올림픽 조직위원장, 이영호 체육부장관 겸 조직위원회(SLOOC) 집행위원장, 박종규 IOC위원, 김운용 WIF 총재, 최만립 KOC 부위원장 겸 명예총무, 한기복 체육부 국제국장, 오지철 체육부 해외협력 과장 등과 현지에 체류하며 박종규 IOC 위원과 사진도 함께 촬영하였고, 그의 개인사진을 찍어 주기도 했다.

Association of IOC Recognized International Sports Federations) 회장, 월드 게임 (World Games) 창시자, 국제월드게임연합회(IWGA: International World Games Association) 창설회장, 국제올림파프리카 재단(FINO: International Olympafrica Foundation) 창설회장, 동 재단 IOC집행위원장, IOC부위원장, IOC위원장 후보 등 한국 스포츠 인사로서는 국제 스포츠 계에서 전대미문, 전무후무할 경이적이 도약을 이룩하였다. 그는 1988년 서울올림픽의 성공적 개최에 큰 몫을 하였고, 한국이 각종 국제종합 경기대회 및 총회 등을 유치하게 함으로써 '동방불패'란 명성도 얻게 되었다. 국제 스포츠 계에 한국의 위상을 우뚝 세운 거인임에는 틀림없다.

북한의 장웅 국제태권도연맹(ITF: International Taekwondo Federation) 총재는 1996년 제105차 애틀랜타올림픽 개최 IOC총회 때 한국의 삼성그룹 회장 이건희와 한 날 한 시에 IOC위원으로 선출되어 김유순 IOC위원의 뒤를 이어 활동한 바 있다. 그는 1938년생으로 2018년 말 80세 정년으로 은퇴하였으며 2019년부터 IOC명예위원으로 선출되었다. 토마스 바흐(Thomas Bach) IOC위원장과 개인적 친분관계가 두터운 그가 올림픽 운동에 남아 2032년 한반도올림픽 유치 및 개최까지 역할을 수행하도록 기여해주길 바라는 마음이다. 동독과 서독이 통일독일을 이루었을 때 서독 IOC위원은 빌리 다우메(Willi Daume)와 발터 트뢰거(Walter Troeger) 등 2명, 동독은 귄터 하인츠(Gunther Heinz) 1명이라 모두 3명이 되어 동독 출신의 하인츠 위원이 명예위원으로 물러나 독일의 IOC위원이 3명에서 2명으로 축소된 전례가 있다. 북한의 장웅 IOC위원(1938년 7월5일생)이 만

80세가 되던 2018년에 남북통일이 되지 않았고, 장 위원이 2019년부터 IOC 명예위원으로 선출됨으로써 독일과 같은 상황을 맞을 가능성은 사라졌다.

　김운용 위원(1931년 3월19일생)과 이건희 의원(1942년 1월9일생)의 경우, 2명 모두 1999년 이전에 선출되었으므로 정년은 80세이나 2000년 111차에 시드니 IOC 총회에서 제비뽑기 결과에 의하면 2007년에 1/3, 2008년에 1/3, 2009년에 1/3에 해당하는 80세 정년 해당 IOC위원들이 잔여 정년 임기에 한해 재신임 일괄투표를 거쳐 IOC위원직을 연장할 수 있도록 되어 있었다. 하지만 김운용 위원의 경우 2005년 IOC위원직을 사임한 바 있으며 더구나 이제 고인이 되었다. 현행 올림픽헌장상 원칙적으로 한 나라에 한 명 이상의 개인자격 IOC위원을 선출할 수 없도록 규정되어 있다. 그러나 1999년 이전에 발행된 올림픽 헌장 제2장 IOC 관련 제20조 1.4항을 보면 "한 나라 당 한 명 이상의 IOC위원은 허용되지 아니한다. IOC는 그렇지만 하계 또는 동계올림픽 대회를 개최한 나라에 대하여 제2 IOC위원을 선출할 수도 있다."는 구절이 있었다. 이러한 예외 조항에 의거해 1996년 제105차 애틀랜타 IOC 총회 때 한국의 제 2 IOC위원으로 선출된 사람이 이건희다. 1988년 서울올림픽을 이후 만 8년 만에 거둔 한국스포츠외교의 결실이었다. 이제 올림픽 헌장에는 이러한 규정도 삭제되어 개인자격 IOC위원은 전 세계에 걸쳐 70명이 정원이며, 어떠한 경우의 IOC위원 후보라 할지라도 그 후보는 IOC가 승인한 NOC가 있는 국가 출신이어야 하고 1명 이상은 선출될 수 없다. 반면, 2014년 12월8~9일 모나코 개최

제127차 IOC 임시총회에서 IOC위원들 만장일치로 통과시켜 승인된 40개(20+20) 개혁권고조항으로 '향후 올림픽운동의 전략적 로드 맵'의 38조 3항에 의하면 개인자격의 IOC위원의 경우, 예외적으로 국적에 관계없이 최대 5명까지 추가 선임할 수 있는 길을 터놓기도 하였다.[21]

올림픽 헌장에서 명시한 올림픽종목 국제연맹회장자격 IOC위원 수는 국가별 인원수 제한과 무관한 관계로 한국인으로 유일무이한 올림픽종목 국제연맹회장인 조정원 세계태권도연맹(WTF: World Taekwondo Federation, WT로 개칭) 총재가 2005년 4월 마드리드에서 재선(2005~2009)에 이어 2009~2013년과 2013~2017년, 그리고 2019~2023년 등 5선에 성공하였다. 조정원의 국제 스포츠 계에서의 활동 역량과 신뢰도 및 인맥 구축이 충실하고 태권도가 2008년 이후 2012년 런던올림픽, 2016년 리우올림픽, 2020년 도쿄올림픽, 2024 파리올림픽까지 연속으로 올림픽 정식종목의 지위를 보장받았으므로 15명 내에서 결원이 생길 경우 선별적으로 임기에 준하는 IOC위원으로 선출될 가능성이 높아졌다. 하지만 1999년 이후 선출되는 IOC위원의 경우 정년이 70세로 못 박혀 1947년생인 조정원은 2020년 현재 만 73세로 연령제한에 막혀 더 이상 국제연맹자격 IOC위원 선출 자격 가시권에서 벗어났다.

우리나라의 경우 2005년 당시 김운용 IOC부위원장이 IOC위원직을 사

---

21 IOC총회에서는 국적 기준과 연계해 개인 위원들에 관한 한 최대 5건의 특별 예외 (amaximum of five special case exceptions) 적용 허용. 최대 5명까지 정년 최대4년 연장 가능.

임하였으나 이건희 IOC위원이 개인자격 IOC위원자격을 고수하고 있었으므로 어떠한 경우라도 한국으로부터 개인자격 IOC위원이 더 이상 선출될 수 없는 현실에 봉착하였다.[22] 그러나 2017년 8월 사임한 이건희 IOC위원의 개인자격 IOC위원 자리가 생겨 1년 뒤인 2018년 10월 부에노스아이레스 개최 제133차 IOC총회에서 이건희 IOC위원 후임 IOC위원이 한국에서 나올 수 있는 길이 열려 있었다. 국제상공회의소 회장으로 선출되었고, 대한상공회의소 회장을 역임한 박용성 IOC위원의 경우 개인자격이 아닌 국제유도연맹(IJF) 회장 자격(국제올림픽종목연맹회장자격 IOC 정원은 15명)으로 국적과 관계없이 국제연맹 회장 임기 동안에 한해서 선출된 국제연맹 IOC위원이었다. 따라서 박용성 IOC위원의 경우 IJF 회장 자리를 계속 유지하였다면 만70세(2010년)까지 IOC위원으로서 활동하게 되어 있었으나, 2008년 베이징 올림픽을 1년 앞둔 2007년 9월7일 IJF의 발전을 위하여 회장직을 전격 사퇴함으로써 IOC위원 자격도 동시에 내려놓고 말았다. 반면 ANOC 및 대륙 별 NOC 연합회인 아프리카각국올림픽위원회연합회(ANOCA), 유럽올림픽위원회연합회(EOC), 아시아올림픽평의회(OCA), 범 미주스포츠기구(PASO) 및 오세아니아각국올림픽위원회연합회(ONOC)를 비롯한 206개국 NOC위원장 또는 집행위원 급 이상의 후보자가 15명 정원의 NOC 자

---

22 Any other candidature proposal must concern a personality who is a national of a country in which he has domicile or his main center of interests and in which there is a an NOC recognized by the IOC. No more than one member per country may be elected on the basis of such candidatures. The total number of members thus elected within the IOC at any one time may not exceed 70.

격 IOC위원으로 추천되어 절차를 거쳐 선출되는 길 역시 열려 있었다. 하지만 이 경우, 특출한 재주와 국제 스포츠 계에서 오랜 기간 공들인 뛰어난 인맥관리, 더 구체적으로 말하면 IOC 내부로부터의 전폭적인 협조 없이는 '낙타가 바늘구멍 통과하기'로 간주되었다. 결론적으로 말하면, 한국 또는 통일 한국에서 미래의 IOC위원을 꿈꾸는 사람이라면 첫째 올림픽 종목 국제연맹 회장으로 피선된 뒤 오랫동안 각고의 노력으로 스포츠 외교력을 꽃피워내야 IOC위원이 될 수 있겠다.

베이징 올림픽에서 선수 자격으로 IOC위원(2008~2016)에 선출된 2004년 아테네 올림픽 태권도 금메달리스트 문대성이 대한민국 선수자격 IOC위원 제1호였다. 아테네 올림픽 탁구 금메달리스트 겸 베이징 올림픽 동메달리스트 유승민은 2016년 리우 올림픽 기간 중 세계 각국 선수들이 참여한 투표에서 제2호 선수자격 IOC위원(2016~2024)으로 선출되었다. 총 4명의 선수 IOC위원을 뽑았던 리우 선거전에서는 유승민을 포함, 총 23명이 입후보했으며 유승민은 투표 집계결과 베이징 올림픽 여자 펜싱 금메달리스트인 독일의 브리타 하이데만(Britta Heidemann, 5815표 중 1603표 획득)에 이어 2위(1544표 획득)를 기록하며 선수자격 IOC위원으로 선출되었다. 또한 KSOC 회장 이기흥은 낙타가 바늘구멍 통과하기보다 어렵다는 NOC자격 IOC위원으로 선출되었다. 그는 2019년 6월26일 열린 제134차 IOC총회에서 총 10명의 후보에 대한 찬반투표 결과 전체 64표 중 기권 2표, 찬성 57표를 획득하여 NOC자격 IOC위원이 되었다. 이기흥 IOC위원은 한국 최초로 NOC 자격 IOC위원이자 대한민국 통산 11번째

IOC위원이 되는 영예를 누렸다. 그는 대한근대오종연맹부회장 중 한 명으로 체육계에 입문하였으며 이후 대한카누협회회장과 대한수영연맹회장을 거쳐 대한체육회장이 되었다.[23] 이로써 대한민국은 개인자격 IOC위원, IF자격 IOC위원 및 선수자격 IOC위원에 이어 NOC자격 IOC위원 카테고리 모두를 아우르는 IOC위원 보유국이 되었다. 2020년 현재 대한민국 IOC위원은 이기흥과 유승민 등 2명이다.

---

23 이기흥은 아테네 올림픽 당시 대한카누협회회장이었다. 한국대표선수단 본부임원 자격으로 현지에 도착해 최만립 IANOC-APOSA회장(KOC부위원장 겸 명예총무 역임)을 경유, 필자에게 국제카누연맹(ICF)회장 및 사무총장 면담을 부탁했다. 그는 필자에게 거듭된 이메일 요청에도 면담이 성사되지 않고 있다고 토로하였다. 필자는 당시 자크 로게 IOC위원장의 특별게스트 자격으로 IOC본부호텔에 숙박하면서 올림픽 전 구역 출입이 가능한 AD카드를 발급받았고, IOC의 게스트용 차량을 사용할 수 있었지만 이 회장이 가져온 한국선수단 차량을 타고 사전 연락이나 통보 없이 올림픽 카누경기장에 갔다. 우리 두 사람은 카누경기장에 있는 국제카누연맹(ICF) 임원실로 직행하여 그들과 아무런 제약 없이 대화할 수 있었다. GAISF 회장으로 활동한 고 김운용 회장을 늘 수행한 필자였기에 국제회의 등에서 안면이 익었던 그들은 필자의 이름(Rocky)을 먼저 부르며 반갑게 영접하여 주었다. 필자는 이 회장을 적극적이고 호의적으로 소개했으며 현장 통역과 사진사 역할까지 해주면서 올림픽이 끝나면 그해 가을에 ICF 회장 및 사무총장을 한국에 초청하기를 이 회장에게 권유하였다. 그들이 한국을 방문했을 때 이 회장은 필자에게 연락하지 않았다. 그 뒤로도 14년 동안 연락이나 접촉이 일절 없다가 그가 대한체육회장이 된 다음 평창올림픽 공식석상에서 마주쳐 형식적인 악수 정도만 나눴을 뿐이다. 1년 뒤인 2019년 그는 드디어 NOC자격 IOC위원이 되었다.

스포츠 외교 개론

스포츠외교의 역할과 중요성

스포츠외교의 목적은 국위선양 및 상대국(들)과의 친선, 우의, 협력 등
에 있다. 그러나 최근 국제스포츠 계의 추이는 스포츠외교의 본질적 의
미에 비해 다소 변질된 요소들이 가미되고 있다. 최근 스포츠외교의 한
나라의 외교정책 내지 외교목표를 구현하기 위한 '외교 수단'으로 활용
되는 경향이 많다. 물론 "스포츠가 한 나라의 외교적 수단으로 사용되고
있다."는 발상은 오해를 야기할 수 있다. 스포츠의 외교적 수단의 '순기
능적 측면'과 '역기능적 측면' 중 후자에 대한 인식이 강조될 때 그러하
다. 스포츠의 외교적 기능을 분류할 때 스포츠 본래의 목적에 따른 자생
적 기능이 있는 반면, 본래 목적에서 벗어난 단순한 수단(예를 들면, 일방적
이익을 추구하는 정치선전)으로 이용되는 경우가 있다. 후자에 대하여 IOC는

올림픽헌장을 통하여 금지하고 있으며, 모든 국가들도 공식적으로는 반대하고 있으나, 국제정치의 속성상 대부분의 국가들이 이를 부분적으로 이용하고 있는 것이 현실이다.

앤드류 스트랭크(Andrew Strank)는 국제정치와 연관된 스포츠의 역할을 여섯 가지로 분류하고 있다. 외교적 승인, 정치적 시위, 정치선전, 국위선양, 국제적 협력, 국제적 분쟁. 이상의 분류를 스포츠 외교적 순기능과 역기능의 관점에서 재분류하면 순기능에 속하는 것은 다음과 같다.

1) 외교적 승인: 올림픽이나 국제경기에서 참가선수단에 대한 해당국가의 국기게양 및 국가연주
2) 국위선양: 올림픽 등에서 우수한 성적을 올리면 해당국가에 대한 평가, 국가인지도, 신인도 등 홍보효과
3) 국제적 협력: 올림픽 등을 통한 세계평화, 국가 간의 친선, 우의, 협조

역기능에 속하는 것은 다음과 같다.

1) 정치적 시위 : 과거 올림픽에서 인종차별, 국제분쟁 등과 같은 사건에 관련된 올림픽보이콧
2) 정치선전 : 정치체제의 우수성을 선전하기 위한 강력한 국가지원 및 이와 연관된 올림픽 개최. 일례로 히틀러의 나치정권을 선전하고 독일 민족의 우수성을 과시할 목적으로 개최한 1936년 베를린올림픽

오늘날 국제관계에서 스포츠가 가지는 외교적 역할은 점차 그 중요성
이 강조되고 있다. 한 나라의 외교정책과 연계한 스포츠의 외교적 기능
은 민간외교의 한 분야로서 각종 국제스포츠경기와 행사를 통해 상대국
(들)과의 친선 및 교류를 도모하고, 다른 한편으로는 자국의 국위선양을
목적으로 하고 있다. 스포츠외교의 또 다른 측면은 스포츠를 통해 다각
적 외교를 전개할 수 있는 영역이 점차 확대되고 있다는 사실이다. 즉 스
포츠를 통한 국가 간의 교류는 그 자체로 끝나는 것이 아니고 정치, 경제,
사회, 문화, 외교 등의 영역에서 교류의 선도적 역할도 담당한다. 1988년
서울올림픽을 계기로 한국의 국가신인도, 인지도, 이미지 그리고 한국스
포츠외교의 위상은 '경천동지', '일취월장', 그리고 '상전벽해'를 연상시
켜 주는 세기적·세계적 연구사례가 될 정도였다. 1972년 뮌헨올림픽(검은
9월단 테러사건)부터 올림픽운동사에 밀려오기 시작한 먹구름은 1976년 몬
트리올올림픽(아프리카국가들의 집단 보이콧), 1980년 모스크바올림픽(미국을 비
롯한 서방진영의 정치적 보이콧)과 1984년 LA올림픽(구소련을 위시한 동구권국가들 보
이콧)까지 지속되어 오다가 1988년 서울올림픽에서는 동서양진영이 분단
국 대한민국의 수도 서울에 모두 모여 '손에 손잡고', '벽을 넘어서' 하나
가 되었다. 역사적으로 '시작과 끝' 그리고 '알파와 오메가'와 동일한 뜻
을 지닌 '태극'의 나라인 대한민국에서 개최된 서울올림픽은 올림픽 주
제가의 가사 내용이 세계정치체제변동을 예견해준 예언시처럼 동서독을
가로막던 베를린 장벽(브란덴부르크 문)이 무너지는 분수령적 계기를 마련
해 주었다. 미하일 고르바초프(Mikhail Gorbachev)의 '페레스트로이카(Pere-

stroika: 개혁)'와 '글라스노스트(Glasnost: 개방)'으로 인한 15개 소련연방해체 등과 같은 대변혁의 전주곡을 전 세계에 선사하였다.

1981년 대한민국의 '바덴-바덴 대첩' 당시 우리나라와 외교관계를 맺고 있던 나라는 60여 개국에 불과하였으나 서울올림픽이 개최된 1988년에는 160여 개국으로 불어났다. 한국은 올림픽 개최 1년 전인 1987년 6월29일 이른바 '6.29'선언을 이끌어냄으로써 시민혁명을 완성해 군사 독재 체제를 끝내고 본격적 민주화를 이룩하는 기틀을 마련했다. 대한민국은 서울올림픽개최와 더불어 1953년 이래 단절되었던 공산권과의 무역거래 및 외교관계가 급속도로 증가하였다. 한국의 국민총생산은 12%의 고속성장을 기록하였으며, 1981년에는 컬러 TV도 없었던 한국이 1988년에는 세계최대의 TV 수출국이 되었다. 서울올림픽 참가국에 대한 각종 지원혜택에 쓰인 비용에도 불구하고 올림픽으로 벌어들인 수익총액이 미화 5억 달러(약 5,000억 원)에 이르렀다. 그야말로 올림픽은 서울을 계기로 '황금 알 낳는 거위'로 환골탈태한 것이다. 한국은 올림픽 이후 쿠바, 알바니아, 북한, 시리아를 제외한 모든 공산권 사회주의국가들과 외교관계를 수립하였다. 서울올림픽은 외교·경제·정치·문화·스포츠 등 사회 전 분야에 걸쳐서 한국을 세계의 일등 모범 국가로 탈바꿈시켜준 것이다.

2008년 올림픽 개최국인 중국이 1990년 베이징 아시안게임을 개최할 때 한국은 차량만 450대를 제공하였다. 빅토리아 시대의 명재상, 팔머스턴 자작 헨리 존 템플(Henry John Temple, 3rd Viscount Palmerston) 총리의 명

언, "우리에게 영원한 동맹도 영구한 적도 없다. 우리의 이익만이 영원하고 영구하며 그 이익을 따르는 것이야말로 우리의 의무이다"[01]라는 어록을 상기해 볼 필요가 있다. 외교에서 제일가는 덕목은 국익이다. 그리고 그 국익은 결코 영원불멸의 것이 아니다.

스포츠외교관의 자질

스포츠외교관은 여러 가지 자질이 있어야 대성할 수 있다.

> 1) 끼-Impulsive and Inherent Talents named 'Desire'/욕망이란 이름의 충동적, 내재적 재능과 기질
> 2) 깡-Audacious Guts/담대하고 거칠 것 없는 배짱
> 3) 꾀-Wits and Wisdom/재치와 지혜
> 4) 꼴-Shape and Appearance/생김새와 풍채
> 5) 꿈-Vision named 'Ambition'/'야망'이란 이름의 상상력과 비전
> 6) 끈-Connections and Backgrounds/인맥과 배경
> 7) 꿀-Honey and Attractions/투자가치와 매력 포인트
> 8) 끝-Fight it out./끝장을 보고야 마는 집념과 인내심

---

01 We have no eternal allies, nor we no eternal enemies. Out interests are eternal and perpetual, and those interests it is our duty to follow.

한 사람이 꿈을 꾸면 그냥 꿈으로 끝날지 모르지만 만인이 함께 꿈을 꾼다면 얼마든지 현실로 가꿔 낼 수 있다는 신념을 가져야 한다. 미래를 향한 비전을 함께 지닌다면 언제든지 얼마든지 세상을 바꿀 수도 있을 것이다. 지금은 함께 꿈꾸고 함께 꿈을 실현해가는 '열린 사고'를 할 때이다.

스포츠외교관 양성과 미래구상

한국인이 주요 국제스포츠기구의 집행위원이 되어야 한다. 대한민국은 격년제로 개최되는 세계스포츠 UN총회격인 2006년 ANOC 서울총회를 성공적으로 개최하고서도 또한 2020년 통산 세 번째(1986, 2006, 2021)로 ANOC총회를 유치하여 개최하면서도 사실상 실질적이고 가시적인 개최국 프리미엄을 충분히 얻어냈다고 확신할 수만은 없다. 그 이유는 우리나라 체육관련 인물 중 ANOC 기구의 집행위원은 한 명도 없기 때문이다. 또한 ANOC 규정상 대륙 별 기구인 아시아올림픽평의회(OCA)의 집행위원 추천을 위한 사전 협상도 이루어 내지 못하여 온 것이 작금의 현실이다. 그리고 세계스포츠기구 중 최고집행기관인 IOC의 집행부 입성은 작고한 김운용 전 IOC부위원장 이래 아무도 엄두조차 못 내고 있는 실정이다. 그나마 1999년 강원동계아시안게임, 2002년 부산아시안게임, 2014년 인천아시안게임 개최국에 자동으로 부여되는 당연직 OCA부회장이 각 1명씩 있었고 현재는 9명에 이르는 OCA 부회장직에는 한 명도 자리매김하고 있지 못하며, OCA 환경분과위원장과 선수동반자(Entourage)위원장 및 개인자격집행위원 등 3명이 OCA집행위원회에 이름을 올림으로써 그나마 아시아 대륙 스포츠기구에서 한국스포츠외교의 체면을 유지하고 있을 뿐이다. 이러한 현실 속에 ANOC 회장, 부회장, 사무총장을 비롯한 각 분과위원회 위원장 및 집행위원 등 명단에 아직 한국 스포츠외교관의 발탁 선출은 없는 상황이다. 지금부터라도 대한민국 스포츠외교를 빛낼 차세대 최적의 후보자 군을 물색하고 선발하여 ANOC집행부 및 분과위 임원에 피선되도록 KOC를 중심으로 범정부적인 방안을 마련함과 동시에 철저한 당선대책을 수립하여 실행에 옮겨야 할 때이다. 2007년 과테말라 IOC총회에서 실시된 동계올림픽 개최지선정투표에 평창이 관료·정치인들을 비롯한 대규모 유치단원들이 현지에서 다방면의 외교활동을 펼쳤지만 고배를 마시고 말았으며 3수 도전 끝에 2011년 남아공 더반 개최 IOC총회에서 평창동계올림픽 개최도시 선정에 성공하였다. 이는 단편적인 외교는 효과가 없다는 사실을 우리에게 보여준 교훈이었다. 또한 당시 북한의 장웅 IOC위원도 보다 조직적이고 체계적인 스포츠외교를 펼칠 것을 주문한 바 있었다. 가장 중요한 핵심은 바로 조직 속으로 파고드는 스포츠외교전략 및 활동이다. 옛말에 "호랑이를 잡으려면 호랑이 굴속으로 들어가라."는 말이 있듯이 조직 내부에서 보다 많은 외교 인력이 장기적이고 꾸준한 활동으로 친분을 쌓고 이어 간다면 그 효과는 실로 엄청나게 크게 나타날 것이다. 2032년 남북한 올림픽공동유치계획도 국제스포츠외교 흐름과 한반도 정세를 주도면밀하게 분석 및 반영하여 '선 서울 단독유치, 후 남북 공동개최'라는 실질적으로 추진 및 실행 가능한 유치 전략을 유연하고 목표 지향적으로 구사하여야 유치 성공을 이룰 수 있을 것이다.

국제스포츠기구본부 대한민국 유치

앞서 언급한 스포츠외교인력 양성 외에도 중요한 것이 또 있는데, 그 것은 국제스포츠기구의 본부를 우리나라에 유치하는 것이다. 국제스포츠기구의 본부가 가장 많이 자리매김한 곳은 스위스의 로잔과 취리히, 모나코의 몬테카를로 등이다. 아시아에는 OCA본부가 있는 쿠웨이트와 한참 전에 부산광역시가 유치신청을 냈다가 실패한 국제배드민턴연맹 (IBF) 본부가 새롭게 이전한 말레이시아의 쿠알라룸푸르 등이다. 물론 우리 한민족의 우수성이 찬란히 간직되어 올림픽 정식종목으로 자리매김 한 태권도연맹(WT)의 세계본부가 서울에 있다. 한편 국내에서 국제기구 를 법인화할 경우 법인설립절차가 복잡하여 아일랜드 비영리법인자격으로 본부를 전임 회장 거주지역인 서울에 둔 바 있었던 국제유도연맹(IJF) 의 본부가 한동안 존재했었다. 그러나 현행 국내법상 국제스포츠기구가 현지 법인화하여 대한민국 내에 본부를 두고 둥지를 틀기에는 정비하고 개정·보완해야 할 제반 관련 규정이 상존한다. 2010년 평창동계올림픽 유치위원회 대외공동사무총장을 맡았던 필자와 공로명 유치위원장, 김 진선 강원도지사(집행위원장) 등 몇몇 유치위원회 인사들이 지난 2003년에 2010년 동계올림픽 유치출사표를 제출하고 개최도시가 결정될 제115차

IOC총회 참석차 프라하로 출발하기에 앞서 청와대에서 당시 한국 IOC위원, KOC위원장, 유치위원회 핵심임원 등을 위한 격려오찬이 있었다. 당시에 참석자 전원에게 발언권이 주어졌는데, 필자는 맨 끝 순서로 발언권을 부여 받아 고 노무현 대통령에게 국제스포츠기구의 본부를 대한민국 내에 유치할 것을 건의했다.

노 대통령은 그 자리에서 필자의 건의에 대해 '상당히 중요하고 주목할 만한 사안'이라고 규정하면서 당시 이창동 문화관광부장관과 함께 각종 관련법령의 개정 및 완화방안을 마련해 보라고 지시했다. 시일이 다소 걸리더라도 관련법령 등의 개정을 통하여 국제스포츠기구가 하나 둘씩 대한민국 내에 그 둥지를 트는 날, 국가인지도 상승과 관광 진흥, 해당 국제회의 개최 등 한류 스포츠-관광 접목 파급효과와 더불어 우리 대한민국 스포츠외교의 위상은 물론 영향력도 그만큼 지대해질 것이다. 필자는 2019년 8월26일 중국 타이주에서 열린 국제정구연맹(ISTF)총회에서 회원국대표들과 고 박상하 ISTF회장추모를 겸하여 특별상임고문(Special Standing Advisor) 자격으로 총회회의를 주재하였다. 다행히 ISTF본부는 20년 가까이 대구광역시에 자리 잡아 왔는데 2019년 2월5일 박상하 회장이 지병으로 별세한 이후 ISTF 본부의 향방은 불분명해졌다.

스포츠외교관 행동강령

대한민국 스포츠 계는 지금부터라도 학연, 지연, 혈연, 파벌 등 구태의 연한 구습을 과감히 타파하고 우리나라의 스포츠발전을 뒷받침할 수 있고, 뛰어난 친화력과 경쟁력으로 국제스포츠외교 계에서 활동할 능력을 가진 스포츠인재들을 과감히 발탁 기용하여야 한다. 스포츠외교의 일취월장을 위하여 철저히 국익에 도움이 되도록 하는 글로벌 스포츠정책 차원의 탕평성 인사등용을 제안한다. 경기인, 메달리스트, 체육행정가, 국제심판, 체육기자, 체육교수, 스포츠외교관 등의 뛰어난 식견·경험·지식·인맥을 총동원하여 스포츠 '싱크 탱크(Think-tank)'를 만들어 운영해야 한다. 스포츠 계 기라성 같은 후배들을 위한 '미래 스포츠외교 글로벌 꿈나무 일백 명 양성계획'을 통하여 이 모든 소중한 가치가 담긴 스포츠외교 유산이 전달 및 전수되도록 '총체적 스포츠지식 및 인맥 전수 프로그램'을 제도화하여야 한다. 우리나라 스포츠외교관 (경기분야, 선수분야, 국제심판분야, 체육기자분야, 체육학분야, 체육행정분야, 스포츠외교분야 등)들 중에는 개인적 경륜과 인맥이 출중한 기라성 같은 분들이 많다. 그러나 제도적 지원체제미비로 인하여 '스포츠문화재적 국제 외교인맥 자산'이 방치되어 그러한 분들의 탁월한 외교인맥과 경험과 지식이 후배들에게 전수되지 못한 채 대가 끊긴 예도 비일비재하다.

국제스포츠외교연구원(ISDI)은 국내스포츠단체장 선출과 IOC위원장 선출, 2016년 하계올림픽 개최도시 선정과 2016년 올림픽 정식종목 결정(제121차 코펜하겐 IOC총회) 및 15년 만에 개최되어 글로벌 올림픽운동의 방향을 새로 설정하는 근간이 되는 전 세계 스포츠 가족의 대 토론회로 서 제13차 올림픽 콩그레스(2009년 10월 초 코펜하겐)가 열린 2009년을 '스 포츠와 올림픽운동의 해'로 정한 바 있다. 필자는 2019년 10월30일 국 회 본청 귀빈식당 3호실에서 열린 남북 공동올림픽유치 2차 토론회에서 '2032년 남북 공동올림픽유치 현실과 전략'을 주제로 '2032년 올림픽유 치 로드맵과 전망 및 스포츠외교'를 발제하였다. 발표와 함께 제안사항 으로 한반도 국제정세 및 IOC의 올림픽개최지 선정 로드맵의 긴박한 흐 름 등을 감안하여 2032년 올림픽 남북공동유치 대신 '선 서울단독유치, 후 서울-평양공동개최' 카드를 제시한 바 있다.[02]

국가 브랜드파워와 스포츠외교의 위상

이 세상에는 인류가 선호하는 5가지 공통 언어가 존재한다. '돈(money), 정치(politics), 예술(art), 섹스(sex), 그리고 스포츠(sport)'가 그것이다. 그 중 5번째에 해당하는 스포츠는 남녀노소 동서고금을 막론하고 우리 인 생을 살맛나게 해주는 가장 건전한 필수 콘텐츠(Contents)이기도 하다. 고 전적 의미의 인류 3대 필수요소는 의식주이지만 현대사회에서 신 개념

---

02 같은 날 밤 한국체육대학교 김경호 겸임교수의 초빙으로 대학원 야간 심화과정 강의 를 했는데 강의에 앞서 허진석 교수(미디어 본부장 겸직)의 연구실을 방문해 짧은 시간이었 지만 심도 있는 대화를 나누었다. 이날 강의도 '2032년 올림픽유치 로드맵과 전망 및 스포츠외교'를 주제로 하였으며 소수 정예 수강생들의 열띤 질의에 대한 응답과 토론 으로 진행하였다.

적 3대 필수요소는 '청정한 물', '맑은 공기', 그리고 '만인의 스포츠'라고 정의하고 싶다. 현대인은 자나 깨나 직접 하든, 관람하든, 응원하든, 뉴스 매체를 통해 접하든 간에 하루라도 스포츠 없는 일상은 상상할 수 없게 되었다. 스포츠는 인류의 5대 언어들 중 나머지 4가지 언어적 특성이 모두 내재되어 있다. 그리고 스포츠의 보편타당한 결과물이 바로 올림픽이다. 올림픽은 지구촌에서 변모하는 정치의 모습을 보여주기도 하고, 때로는 국제적 논란거리를 만들어 주기도 하였다. 나아가 문화·교육·예술·육체적·미적 율동 등이 한데 어우러진 복잡 미묘 다단한 종합축제의 한 구석에서 인간의 돈에 대한 집착의 무대를 꾸며 주기도 하는 기기묘묘한 인류생태·심리학적 문화유산의 최대 걸작이기도 하다. 70억 지구촌가족이 열광하는 가운데 1996년에 근대올림픽 100주년기념 올림픽(미국 애틀랜타)이 성황리에 치러졌고, 2008년 베이징올림픽에서는 주최국 중국이 지금까지 세계 최강이었던 미국을 누르고 새로운 1인자 자리로 등극하는 등 새로운 국면이 시작되었다. 최근 국제적으로 실시된 '즉석인지도 조사' 결과 올림픽이 '월드컵 축구'의 2배에 해당하는 인지도와 영향력을, '윔블던 테니스 대회'보다 3배, '포뮬러 원(F1) 자동차경주 대회'보다 4배, '투르 드 프랑스 사이클 대회', '수퍼볼 미식축구대회', '월드 시리즈 야구대회' 보다 6배, 그리고 '아메리카 컵' 및 '데이비스 컵 테니스 대회'보다는 무려 10배나 더 높은 인지도를 보여주는 것으로 나타났다. 또한 올림픽은 수조 원의 수익이 보장되는 부가가치 창출 비즈니스로서 '황금 알을 낳는 거위'에도 비유된다. 1988년 서울올림픽은 당시 사마란치 IOC

위원장이 역대 최고의 올림픽이라고 극찬한 바 있다. 1988 서울올림픽 유치가 확정된 1981년 9월30일 서독 바덴-바덴 IOC총회까지 대한민국이 유치하여 개최한 국제 스포츠행사라고는 1975년 제2회 아시아체조선수권대회, 1978년 제42회 세계사격선수권대회,[03] 1979년 제1회 세계공기총사격선수권대회 및 제8회 세계여자농구선수권대회, 1980년 아시아역도선수권대회 등이 고작이었다. 서울올림픽 유치 당시 우리나라는 국제적 지명도, 신인도, 인지도 등이 대외홍보부재로 별 볼일 없었다. 치명적 핸디캡이었다. 대외적으로 알려진 그 당시 대한민국의 위상은 「저팬 타임스(Japan Times)」지에 게재된 "한국정부가 일본에 미화 60억 달러의 차관을 요청하였지만, 그 직후 개최된 한-일 각료회담 시 교섭이 잘되지 않고 있다."는 보도에 의한 경제개발도상국이라는 것과 미국 TV 드라마 '이동야전병원(MASH)'을 통해 1950~1953 한국동란이란 전쟁을 치르고 미군이 도와주는 열악한 환경의 미국원조대상국이자 경제여건이 어려운 분단국 이미지 그 자체였다. 사실 우리나라 스포츠가 세계적인 강국으로 발돋움하게 된 데에는 스포츠 외교의 힘이 절대적이었다고 해도 과언이 아니다. 그 시발점은 서울올림픽을 성공적으로 유치한 1981년 9월30일 서독 바덴-바덴에서의 함성이었다. 그 후 1994년 제12차 파리개최 올림픽 콩그레스 겸 제103차 IOC총회에서 태권도가 올림픽 정식

---

03 필자가 한국외국어대학 영어과 재학시절 통역으로 참가하여 스포츠 계와 숙명적 인연을 맺게 해준 바 있다.

종목으로 채택되고, 2000년 시드니올림픽 개·폐회식장에서 남·북한선수단이 공동 입장한 것은 우리 스포츠외교사에 길이 남을 쾌거였을 뿐만 아니라 지구촌가족들에게 평화와 감동의 진한 메시지를 전한 불멸의 발자취로서 기록될 것이다. 또한 2002년 한국-일본 FIFA월드컵 공동개최에 따른 한국축구의 4강 신화, '붉은악마 응원단'을 통해 전 세계에 보여준 대한민국의 막강한 응집력과 단결력은 스포츠를 통한 국가 브랜드파워의 진면목을 유감없이 표출하여 주었다. 해당종목별 스타선수는 예외 없이 일반 스포츠팬을 광적으로 끌어들이는 스포츠 브랜드파워의 원천이다. 우리나라의 경우 피겨의 김연아, 수영의 박태환, 축구의 박지성·손흥민, 야구의 박찬호·추신수·류현진, 골프의 박세리·신지애·박지은·최경주 등과 기라성 같은 올림픽 메달리스트 등이 그 좋은 예이다. 이러한 스타 선수들이 출전하는 국제스포츠 브랜드파워는 지역적·국가적 글로벌 상품가치와 홍보효과 그리고 부가가치 또한 뛰어나다. 이에 연관된 스폰서와 TV 등 미디어의 지원 등에 힘입어 국제스포츠이벤트는 지구촌에서 '황금알을 낳는 거위'가 되고 있다.

한국스포츠외교 역량강화를 위한 청사진

2001년 김운용 전 IOC부위원장의 IOC위원장 당선 실패와 2003년과 2007년 대한민국 평창의 2010년 및 2014년 동계올림픽유치의 연이은 실패, 제 118차 IOC총회에서 부산광역시가 15년 만에 개최되는 2009년 올림픽 콩그레스 및 121차 IOC총회 개최도시 유치경쟁에서 탈락, 김운용 전 IOC부위원장의 IOC위원직 사퇴, 박용성 KOC위원장의 국제유도연맹(IJF) 회장직 및 IOC위원직 사퇴, 이건희 전 삼성그룹회장의 IOC위원직 사퇴 등과 같이 이어진 좋지 않은 사건들로 한국스포츠외교의 국제적 신인도와 힘은 현저하게 약화되었다. 한국스포츠외교의 차세대 주자들의 국제스포츠 계 임원 진출 청사진도 전무하며 스포츠외교관 양성 백년대계는 구상조차 되지 못하고 있다. 2018년 평창의 동계올림픽 도전을 계기로 당장 활용 가능하고 국제스포츠 계에 잘 알려진 베테랑 스포츠외교관들의 전진배치 계획 역시 실종돼 버렸다.

2008년 4월 중국 베이징호텔(베이징올림픽 IOC본부 호텔)에서 개최된 제71차 세계체육기자연맹(AIPS) 총회에는 당초 예상(100개국 이상)보다 적은 97개국 대표들이 참석하였다. 한국에서는 AIPS 회장(지아니 메를로·이탈리아) 특별고문 겸 집행위원(ASPU 회장)인 박갑철 대한아이스하키협회 회장, 송전헌 한국체육기자연맹(KSPU) 회장(KBS TV 스포츠제작부장), 홍종서 ASPU 사무총장, 박건만 KSPU 전임회장과 필자(KSPU 자문역) 등이 참석하였다. 총회 전날 AIPS 대륙 별 총회가 있었고 박갑철 ASPU 회장(1986년 이래 5번 연임)의 주재 하에 아시아체육기자연맹총회가 열렸는데, 21개국 대표들의 열띤 토론과 단합의 장이 되었다. 2008년 11월11~14일 ASPU 창립30주년을 기념하는 ASPU총회가 쿠웨이트에서 개최되었다. 이란은 11개 회원국이 운집해 있는 아랍권의 ASPU 지역사무소를 유치하여 향후 ASPU 주도권을 염두에 둔 행보를 보였다. ASPU 사무국이 당시는 회장국인 서울에 있어 '아시아언론 스포츠외교'의 메카기능을 하고 있었지만 정부 지원과 행정 및 재정적 기반이 취약한 ASPU 서울 사무국의 제반 여건상 ASPU회장직에 당시 박갑철 회장의 6선연임 및 차세대 한국체육기자 출신 인사의 배턴(baton) 이어받기 수순에 기술적·행정적·외교적 어려움이 예견되었다. 스포츠외교역량강화 차원에서 KSPU와 ASPU를 법인화하도록 정부와 KOC 차원의 정책적 지원과 사무국 운영에 대한 행정적 배려조치가 절실했다.

일본이나 중국의 경우 IOC총회, ANOC총회 등 주요 국제스포츠회의 등에 반드시 올림픽 전문 취재기자가 전담 마크하여 스포츠외교현장에서 언론 특유의 네트워킹을 주도해 오고 있다. 한국의 경우는 한국문제가 이슈화되어 뉴스거리가 되는 국제회의에만 국한하여 해당지역 관할 해외 특파원이 취재차 현지에 파견된다. 이들에게는 스포츠 자체가 생소하고 흐름에도 정통하지 못할 뿐만 아니라 기라성 같은 해외 스포츠 전문기자들과도 평소 친분이 없는 관계로 제대로 된 취재는 물론 세계 스포츠언론과의 네트워킹형성에도 애로사항을 겪게 된다. 이것이 스포츠외교 전문기자양성 프로그램이 절실한 근본적인 이유이다. 선진국형 스포츠외교 전문기자육성을 위한 KSPU와 정부 그리고 KOC 간의 체계적이고 미래지향적인 협조와 지원이 요망되는 해묵은 과제이기도 하다. 정부와 KOC가 주도하여 마련해야 할 스포츠외교역량 강화방안의 초석은 우선 스포츠외교현장에서 20년 이상 활동해온 베테랑 급 일선 스포츠외교관들로부터 외교현장에서 경험하여 왔고 뼈저리게 느끼고 있는 현장 상황에 대하여 진솔하고 통찰력 있는 의견을 수렴하는 것으로부터 출발해야 한다. 그들만의 스포츠외교 관련 애로사항, 건의사항, 현재 한국스포츠외교의 문제점, 간헐적으로 실행되고 있는 스포츠외교인력 양성 국내외 프로그램의 허와 실, 향후 차세대 스포츠외교인력 양성계획에 대한 진솔한 평가와 대책, 기존 스포츠외교인력의 체계적인 네트워킹, 지속발전 가능하고 국제적 인지도와 활용 잠재력이 출중한 스포츠외교인적자원에 대한 국가차원의 전폭적 지원, 국제 스포츠외교전문가 등에 대한 곱지 않은 편향된 시각과 불필요한 갈등관계를 화합과 협력동반자의 관계로 전환하기 위한 제도적 장치 등 광범위하고 피부에 와 닿는 의견을 청취하고 정책에 반영하는 수순을 밟아야 한다.

한국에서 국제스포츠업무를 수행하거나 국제스포츠외교 현장에서 열심히 활발하게 뛰고 있는 인사들에 대한 평가는 대체로 시기와 질투, 심지어 음해성 헐뜯기와 깎아 내리기가 만연했던 것이 작금의 현실이다. 그리고 국제적으로 소위 잘 나가고 인정받는 상황이 되고 이에 따른 잦은 해외출장으로 인해 어쩔 수 없이 국내 스포츠 인사들과의 접촉이 빈번하지 못해 네트워킹이 원활하지 못하게 되면 평소 특정인물에 대해 탐탁하지 않게 여겨온 비뚤어진 심성을 가진 소수인사 들이 주동이 되어

건방지고 설치고 잘난 척하고 해외출장을 독식하는 아주 이기적인 사람으로 폄하하기 일쑤이다. 그러다가 급기야는 어느 날 영문도 모르는 음해성 평가에 스스로 억울하지만 나쁜 평가를 그대로 감수해야 하고, 일일이 해명하기는 더더구나 어려울 뿐만 아니라 때로는 조직적이고 편 가르기 식 저인망 구설수에 종종 휘말려 미움의 대상이 되어 스포츠 계를 떠나고 싶은 스트레스를 촉발시키는 소수그룹이 상존하고 있는 것도 고질적 병폐이자 적폐이다. 이것은 한국 스포츠외교위상 및 역량강화 노력에 역행하는 독버섯이다. 이것부터 근절해야 한국스포츠외교가 바로 선다. 소위 안티(Anti)세력이 많다고 하는 세간의 소문에 영향을 받아 적재적소에 필수불가결하게 등용되어 국가스포츠 외교에 유익하고 효과만점의 첨병이 되어야 할 인재에 대한 인사배치 흐름이 표류해 왔다. 이 때문에 할 수 없이 아웃사이더가 되어버린 아까운 인재들은 야인으로 전락되어 결과적으로 국가적인 커다란 전력손실이 되어버린 예가 스포츠 계에서도 비일비재한 실정이다.

현대사회에서 성인(Saint)적 인격의 소유자 또는 처세의 달인의 경지에 도달한 사람 이외에는 누구에게나 정도의 차이는 있을지언정 안티(Anti)세력이 공존한다. 다행히도 "No Anti, No Achievement. (안티 세력이 많다는 이야기는 실제로 일을 많이 했다는 뜻이다)"라고 역설적으로 말씀하는 선견지명을 가진 사람도 있다. 사촌이 땅을 사도 배가 아프지 말아야 한국스포츠외교가 바로 선다. 우리나라에는 훌륭한 스포츠외교관으로서의 자질과 능력 그리고 화려한 경력을 가진 경기인(Olympian), 스포츠행정가들이 많이 있다. 이들로 하여금 국제심판, 국제연맹 고위직임원, IOC위원, 국제스포츠단체 고위 직 임원 등 국제스포츠 계 지도자로 일취월장할 수 있는 토양과 환경을 조성해 주어야 한다. 스포츠외교를 잘하려면 우선 얼굴이 잘 알려져야 하고 상대방에게 친근감을 심어주어야 한다. 그리하려고 하면 외국어, 특히 영어를 어느 정도 구사할 수 있어야 한다. 오늘날 요즘 시쳇말로 "요즘 영어는 개도 (말)한다."라고 하듯이 아무나 쉽게 구사할 수 있다. 요는 스포츠 인들이 스포츠현장에서 필요한 기본적인 수준의 '당장 써먹을 수 있는 스포츠영어' 그리고 '아무도 못 말리는 배짱 영어'를 거침없이 구사할 수 있도록 배짱, 즉 자신감을 심어줄 수 있는 스포츠외교 기본영어 프로그램 및 강좌개설, 그리고 스포츠외교영어 클리닉(Clinic) 운영 등이 절실히 필요하다. 자리만 잘 잡아 기초과정에 자신감이 생기면 그 다음 단계의 스포츠외교현장에서의 영어구사실력은 심어놓은 나무가 저절로 개성대로 무럭무럭 잘 자라듯 하루가 다르게 발전될 것이고 본인의 적극성과 열정, 해당종목에 대한 상식적 지식과 정보력 그리고 인간관계와 스포츠에 대한 '애정, 애호, 애착'이 접목된다면 그 나름대로 국제적으로 충분히 의사소통하고 어필하는 훌륭한 스포츠외교영어 구사자가 될 수 있다.

2006년 토리노동계올림픽 슬로건이 생각난다. "Passion lives here." (이곳은 열정이 살아 움직이고 있다.) 그렇다. 그곳에는 인내심도 함께 살아 움직여야 한다. 근대올림픽을 부활시킨 쿠베르탱은 프랑스 귀족으로, 1908년 런던올림픽에서 그 유명한 '올림픽 신조'를 다음과 같이 공식화하였다.

"인생에 있어 가장 중요한 것은 승리가 아니고 노력(분투)이듯이, (올림픽에서) 가장 중요한 것은 이기는 데 있지 않고 참가하는 데 있다. 본질적인 것은 (정상을) 정복해낸 것이 아니라 잘 싸워냈다는 것이다."[04] 스포츠외교 역량강화에 있어서 스포츠외교인력 양성도 중요하다. 그러나 어려운 환경 속에서 모진 시련을 이겨내고 국제적으로 인정받고 꿋꿋하게 활동 중인 기존 스포츠외교관들을 파벌에 개의치 말고 전진 배치하여 국익우선의 '스포츠외교 인간문화재' 차원에서 예우하고 보호하여 '총성 없는 전쟁'격인 국제스포츠 외교무대에서 대한민국체육위상을 공고히 하는 첨병이 되도록 스포츠외교 인재육성을 염두에 둔 정부 차원의 정책적 배려가 절실하다.

스포츠의 비전과 스포츠인재 육성

2000년대 들어 스포츠 및 스포츠외교 관련 포럼과 모임 등이 여러 방면에서 다양하게 또 분주히 개최된 바 있다. 향후 우리나라 스포츠 발전 및 스포츠외교력 강화, 그리고 스포츠 각 분야 인재육성시스템 활성화를 위한 갖가지 좋은 방안과 방법에 대한 심도 있는 논의와 토론, 연구와 분석이 활발하게 전개되었다는 사실은 상당히 고무적인 동시에 미래지향

04　The most important thing is not so much to win but to take part, as the most important thing in life is not the triumph but the struggle. The essential thing is not to have conquered but to have fought well.

적이며 대한민국 스포츠 중흥을 위해 분명히 좋은 징조라고 볼 수 있다. 이러한 중요한 논의에는 반드시 국내외 스포츠현장에서의 실전경험이 풍부하고 실제 현장상황을 피부로 느낄 수 있어 논의내용에 대하여 실제적·실용적·실전적 접목과 응용이 가능한 선수, 코치, 스포츠행정가, 스포츠외교관 등 다양한 해당 부문관계자들의 동반참여가 동시에 이루어져야 진일보되고 알찬 결실을 맺을 수 있다. IOC의 경우 올림픽 TV 방영권협상과 총체적 올림픽 마케팅 TOP 프로그램 등을 통해 확보한 전체수익금을 IOC 자체 건전재정자원 확보는 물론 올림픽 종목 관할 국제경기연맹(IFs)에 대한 운영 및 발전기금 지원, 그리고 전 세계 207개 각국 올림픽위원회들의 동·하계올림픽 참가에 따른 확실한 재정 지원뿐 아니라 선수 장학금제공, 개발도상국 NOC 선수들에 대한 경기력 향상지원, 종목별 코치 연수 및 기술세미나, 고급 수준의 스포츠행정가 양성 등 각국 NOC의 총체적 역량 상향조정을 지원하기 위한 '종합적 단합/연대 창출 프로그램'을 실시하여 왔다. IOC산하 올림픽 솔리대리티 기구가 펼치고 있는 세계적 프로그램은 다음과 같은 지원내용을 포함하고 있다. 요약해서 소개한다.

1) 선수 대상

▶ 동·하계올림픽 참가에 따른 해당 NOC에서는 선수들의 경기력 향상을 위한 훈련 및 기타 준비지원

▶ 올림픽 대비 올림픽선수장학금 제공-경기력 향상을 통해 올림픽참가의 꿈을 실현시켜주기 위하여 세계 수준급 스포츠시설, 운동기구, 의학 및 스포츠과학 그리고 쾌적한 숙식 인프라를 갖춘 장소(공동훈련 병행)로 경기력 향상훈련 및 양성유학 경비 제공- 올림픽 참가자격 획득 예선경기참가경비 지원

▶ 선수단지원금 보조-올림픽 참가자격 미달예상 NOC선수단에 대한 종목별 국제경기 대회, 종합경기대회, 올림픽참가자격부여 선수권 대회 등에 선수단 파견경비 지원

▶ 대륙 및 지역대회참가에 따른 NOC준비기금 지원

▶ 올림픽 대비 유소년선수들에 대한 훈련보조금 지원-유소년 유망주의 향후 올림픽참가 동기부여를 위한 국제 주니어 경기 대회참가비 지원-훈련을 통한 경기기술 습득에 필요한 보조금 지원

▶ 유망주 경기력 소질 및 역량 발굴을 위한 보조금 지원

2) 코치 대상

▶ 코치대상 기술과정연수비 지원

▶ 코치대상 올림픽장학금 지원-3개월 단위의 고급수준의 훈련방식,

경험 및 지식습득기회 부여(각국 해당 경기단체 또는 국제연맹 인증 공식 심판
자격증 소지자에 한함)

▶ 각국 취약경기단체 코칭 방식 구조개선 지원-3~6개월 단위로 해외
코칭 전문가를 초빙하여 코칭 기술 및 운영 노하우전수 지원

3) NOC 운영

▶ NOC 행정력 개발 지원

▶ 스포츠행정가를 위한 국내연수과정 이수경비 지원

▶ 스포츠운영에 관한 고급 국제연수과정 이수경비 지원-스포츠조직
운영달인으로 인정된 각 NOC 선정후보들에 대한 '달인수준' 연수과
정 이수에 소요되는 등록금과 거주 및 여행경비보조금 혜택(학사연도
기간/2학기 기준)

▶ NOC 교류 및 지역별 포럼-특정분야의 지원이나 운영방식 지도
를 요하는 NOC(피 코치 국가올림픽위원회; Coachee NOC)와 해당분야 전
문 노하우를 가진 NOC(코치 국가올림픽위원회: Coach NOC)간의 해당 정
보·기술·지식 교류를 짝짓기 하여 'Coach NOC'로의 인턴십 또는
'Coachee NOC' 직원들의 유관 스포츠 단체 파견근무에 따른 지원
시스템 마련

▶ 동·하계올림픽 참가에 따른 각국 NOC 보조금(항공료, 체재비 일부, 선수단
장비 비 등) 지원

▸ ANOC 총회 및 대륙 별 NOC연합 총회 시 각국 NOC 회의대표에 대한 항공료, 체재비 등 일부 보조

4) 올림픽 가치 확산 장려

A. 스포츠의학

▸ 스포츠의학 연수과정(IOC의무위원회 주관)을 통해 각국 NOC 소속 의사, 물리치료사, 트레이너, 코치 등에게 스포츠의학에 대한 실제적·과학적 훈련 및 교육 실시

▸ 일반의사면허증 소지 의사들이나 물리치료사들로 하여금 스포츠의학 지식 등 전공 및 이수에 따른 장학금 재정지원 프로그램 실시

B. 스포츠와 환경

▸ IOC 스포츠와 환경세계포럼에 선별적으로 해당 NOC대표 파견 및 참가비 등 보조

▸ 각국 내 스포츠와 환경캠페인 통한 홍보 및 인지도확산 세미나 등 개최

C. 여성과 스포츠

▸ IOC여성과 스포츠세계포럼에 선별적으로 해당 NOC대표 파견 및 참가비 등 보조

▸ 각국 내 남녀평등활동과 관련된 소통 캠페인, 연구 프로그램 등 장려

D. 생활체육

▸ IOC 생활체육 세계포럼에 해당 NOC대표 파견 및 참가비 등 보조

▸ 각국 내 생활체육 행사(대규모 인원 참가 인기 스포츠행사, 스포츠이벤트 조직운영자 훈련, 스포츠캠프, 전 연령층 대상 건강인지도 제고(캠페인 등)를 조직·운영하는 NOC에 대한 지원

E. 국제올림픽아카데미

▸ 올림픽 역사에 대한 수업을 비롯하여 평화와 우애의 이상전파를 주 임무로 운영되고 있는 문화기관인 국제올림픽아카데미(IOA)가 매년 조직·운영하고 있는 국제 연수회는 5개 대륙의 연수생들이 참가하고 있음.

▸ 올림픽 운동의 이상과 가치에 대한 교육, 전파 및 보호 임무뿐 아니라 각국 NOC 및 각국 올림픽 아카데미와 협조 및 연계하여 매년 IOA 정규 과정에 참가자 파견 권장

▸ 올림픽 솔리대리티는 각국 NOC 및 참가자들에 대한 참가경비 보조

F. 문화와 교육

▸ IOC 교육, 문화, 스포츠세계포럼에 선별적으로 해당 NOC대표 파

견비 및 참가비 보조

▶ 자국 내의 각 급 학교에 해당 NOC가 올림픽교육 프로그램을 설
치하도록 해당 프로그램 지원

▶ 각국 내 스포츠와 연계된 전시회나 문화행사 개최에 따른 비용
지원

G. NOC 유산

▶ 올림픽 가치요소는 계승 발전되어야 한다는 취지하에 각국 NOC
가 각국 올림픽 및 스포츠 역사와 전통유산을 보존토록 장려

▶ 따라서 각국 NOC의 선수관련 올림픽 역사, 스포츠 발전과정 등
미래 세대들에게 보존 계승할 중요성을 띤 세부행사(스포츠문서 보
관, 박물관 설치 및 유지, 연구 프로젝트, 관련 책자발간 등) 실행비용 지원

각국 NOC에 대한 통합지원 프로그램을 '올림픽단합 또는 연대프로그
램(Olympic Solidarity Program)'이라고 한다. 북한에서는 '올림픽 련대성 국
내강습'이라고 한다. 올림픽 솔리대리티 기금은 IOC가 협상을 통해 확
보한 동·하계올림픽 전 세계 TV 방영권료 중 각국 NOC 배정 분으로 할
당된 지분기금으로 충당된다. 매4년 단위로 계획 및 계상되는 올림픽 솔
리대리티 기금은 2005~2008년분이 미화 2억4400만 달러(약 3천660억 원)
였다. 올림픽 솔리대리티 기금의 주요 수혜자는 장학금 혜택(해외 전지훈
련 및 연수 프로그램 등)이 주어지는 선수들, 경기력 향상훈련과정(국내 및 대륙

지역 별 과정)에 참가하는 코치와 경기지도자들 그리고 스포츠행정가들이다. 올림픽 솔리대리티 프로그램은 해당 NOC의 조직구조향상이나 NOC 운영구조현대화를 희망하고 올림픽 솔리대리티 기구가 판단할 때 이러한 조처가 절실히 필요하다고 간주되는 NOC들을 우선대상으로 하여 필요한 재정지원을 해주기도 한다. 각국 NOC는 올림픽운동구조 내에서의 보편타당한 올림픽 가치실현의 실행창구역할을 해주는 첫 번째 채널이므로 그들의 행정력강화를 위해 강력한 지원대책 등을 마련해준다. 올림픽 솔리대리티 기금으로부터 제공된 직접적 지원금과 맞춤식 보조금을 통해 해당 NOC 조직구조 향상을 도모해 주고 있다. 예를 들면 고급수준의 NOC 스포츠행정가들 양성을 위한 IT 관련 투자, 행정시스템 및 운영노하우 훈련과정을 비롯하여 양자 간 또는 다자간 국제협력체계 활성화뿐만 아니라 지식공유시스템구축을 위한 투자 등이 이에 해당된다. 이러한 다양한 프로그램을 통해 기능과 실행능력이 보강된 NOC들은 스포츠를 통한 교육, 문화적 다양성, 지속발전 가능성, 기본적 윤리적 원칙준수 등을 활성화시켜줌으로써 페어플레이 등 올림픽운동이 지향하는 가치를 두드러지게 하는 올림픽사업을 보다 원활하고 효과적이고 역동적이며 효율성이 제고된 NOC 고유의 업무를 훌륭히 수행할 수 있도록 지원받을 수 있다. 우리나라의 경우 KOC가 지금까지 매 4년 단위로 사전 책정되어 배정 및 통보된 올림픽 솔리대리티 기금을 활용하여 매 4년간 사업단위화하여 올림픽 솔리대리티와 OCA 그리고 해당 국제경기연맹 등과 연계한 후 주로 각 가맹경기단체 별 국내 및 지역(인근국가 NOC군)별 코치·경기지도자 강습회 등 다양한 프로그램을 지원 운영해 왔다. 실제로 올림픽 솔리대리티 기금과 할당 배정된 각종 프로그램을 유효적절하게 활용할 경우 종목별 세계수준의 전문가들을 해당 국제스포츠기구들로부터 추천받아 지정 위탁된 올림픽 솔리대리티 기금으로 초빙하여 국내 해당 스포츠 관계자들로 하여금 최신정보와 세계수준의 선진 경기 관련기술 등을 전수받을 수 있는 기회가 그야말로 무상으로 주어지는 것이다. 물론 그 배경은 우리나라 대표선수들의 모범적 올림픽 참가와 KOC의 올림픽운동에 대한 활발하고 적극적인 참여가 뒷받침된 것이다. 염두에 두어야 할 점은 전 세계 207개 NOC와 매 4년 단위(NOC당 10개 과정개최 및 참여 가능)의 종목별·분야별·기금배정별 안배를 거쳐 실행계획이 확정되는 관계로 철두철미한 사전계획수립과 국내외적 조율이 선행되어야 희망하는 적절한 프로그램과 최고수준의 저명한 강사진 등을 확보할 수 있다는 것이다. 따라서 향후 KOC에서는 올림픽 솔리대리티 담당자 1인 수준의 업무영역을 획기적으로 확대 및 보강하여 최소한 올림픽 솔리대리티 전담팀을 별도 구성하여 주도면밀하고 실속 있는 업무추진 등을 확고히 하기 위한 진일보된 서비스시스템 지원에 만전을 기할 수 있는 체제로 전환하였으면 하는 바람이다. 이상론적인 의견을 한 가지 제안할까 한다. 올림픽 솔리대리티가 30년 이상 시행착오와 각고의 노력과 세계적 협조체제를 바탕으로 성공적으로 운영하여 오고 있는 위에 열거한 내용을 음미해 보면서 우리나라의 실정에 맞도록 조율된 '스포츠 인재육성 올림픽 솔리대리티 프로그램'(가칭) 개설을 제안한다. 기존 올림픽 솔리대리티 월드

프로그램 내용 중 일정부분은 벤치마킹의 대상으로 손색이 없다고 본다. 2009년 10월 코펜하겐에서 개최된 제13차 올림픽 콩그레스에서는 현대사회 및 세계 각 지역의 올림픽운동 역할로서 ①선수, ②올림픽, ③올림픽운동의 구조(NOC의 자치 성 포함), ④올림피즘과 청소년, ⑤디지털혁명 등의 5가지 소재가 집중 논의되었다. IOC로서는 올림픽 콩그레스를 통하여 올림픽운동의 흐름에 따른 맥을 짚어 보고, 올림픽운동의 강점과 약점을 주도면밀하게 분석함과 동시에 올림픽운동이 직면하고 있는 기회와 위험요소 등을 평가하는 계기로 활용한 것이다. 우리나라 스포츠 계는 지금 격변기·격동기를 거쳐 장기적이고 안정적 차원의 도약과 발전을 위한 새로운 패러다임을 요구하고 있다. 현실적·현장적· 현 상태적 차원의 미래지향적이고 실현가능성 있는 현장의 목소리가 대한민국 스포츠정책에 반영되어 실행되었으면 하는 바람이다. 이를 위하여 스포츠현장에서 활동하였거나 활동 중인 선수, 코치, 심판, 경기지도자, 스포츠행정가, 스포츠외교관, 스포츠취재기자, 문무를 겸비한 체육교수 등이 총동원되어 우리나라 스포츠 백년대계를 굳건히 할 대책과 정책을 마련해가는 '대한민국 올림픽 콩그레스'가 2032년 남북한 올림픽공동유치 및 개최와 연계하여 부대행사로 함께 개최되기를 희망한다.

스포츠리더십과 스포츠외교

리더십은 포용, 관용, 이해, 혜안, 융통성, 유연성, 장악력, 카리스마 등의 덕목을 고루 갖출 때 그 진정성이 인정되는 고도의 품성적 매력으로 구성원들의 마음에서 우러나오는 존경과 복종을 수반한다. 2001년 모스크바 개최 제112차 IOC총회에서의 위원장 경선에서 자크 로게 전임 IOC위원장과 김운용 전 IOC부위원장에 이어 3위로 IOC위원장직 도전에 실패한 캐나다의 리처드 파운드(Richard Pound) 전 IOC부위원장 겸 전 세계반도핑기구(WADA) 회장은 한 외신과의 인터뷰에서 경선 레이스에서 자신의 패인이 자신의 융통성과 유연성 부족에 있었다고 술회하였다. 본인이 공격적 행동취향을 가지고 있기 때문에 곧잘 주변사람들에게 위협적인 인물로 비춰지게 된다고 하였다. 그런 이유 때문에 자신이 다시금 IOC위원장 출마를 고려하고 있지 않다고 하면서 자신은 그러한 자리에 적합하지 못하다는 사실을 깨닫게 되었노라고 설명했다고 한다. 또한 로게 당시 IOC위원장이 그 직분을 잘 수행하고 있다고 보느냐는 질문에 대하여서는 그와의 경선에서 패하였으며 그에 관한 어떤 내용을 말하게 되면 그것이 바로 시기, 질투 등으로 해석될 수 있으므로 답변을 하지 않는 쪽을 택했다. 반면 파운드는 "IOC가 그 동안 여러 가지 매우 심각한 실수를 저질렀는데, 특히 중국에서 개최된 올림픽를 별다른 조치 없이 진행시킴으로써 올림픽을 위험에 빠뜨린 바 있다. 베이징올림픽 성화 봉송과 올림픽기간 중 인터넷 접속시스템 지연처리 등 IOC의 대회전반에 대한 처리방식에 문제가 있었다."라고 성토하였다.

2008년 12월 초 모나코에서 개최된 '평화와 스포츠 국제 포럼'에 참석한 대만의 우칭궈 IOC위원 겸 전임 국제복싱연맹(AIBA) 회장은 그 동안의 AIBA 내부의 강도 높은 개혁과정에서 발생했던 여러 가지 예를 설명하면서 리더십과 스포츠외교에 대한 자신의 철학과 소신을 소개해 주었다. 만일 어떤 구성원이 어떤 상황에 교묘히 꿰어 맞춘 불협화음이나 중상모략에 가까운 험담 등을 생산해내고 유포하는 경우가 발생했다면, 조직의 수장자격으로 당사자를 불러 그 험담 등에 대한 납득할 만한 근거나 증거를 제시하라고 말미를 준 뒤 입증하지 못하면 가차 없이 문책하여 일벌백계 하는 방식을 취한 것이 무척 효과적이었다는 이야기를 해주었다. 또한 일반적으로 흘러 다니고 흘러나오는 소문성 이야기는 아예 신경 쓰지도 않고 흘려버리는 것이 해당 소문을 조기에 잠재우는 방법이다. 나쁜 의도가 담긴 비난, 험담 등을 떠들고 다니는 사람은 평판이 그다지 좋지 못하기 때문에 이를 단연코 무시해 버리되, 간혹 덕망 있고 신중한 사람들의 지적이나 진심 어린 질책 등은 귀담아들을 필요가 있는 경우에는 지도와 편달로 받아들여야 한다고 충고해 주었다. 따라서 어떤 사람들이 정략적 내지 자신의 입지강화를 위해 퍼뜨리고 교란시키는 소문, 비난, 험담, 비판 따위는 일고의 가치도 없으므로 절대로 동요되지 말고, 자신이 열심히 성실히 열정을 가지고 자기 자신의 일에 매진하는 사람들이 이러한 나쁜 행위에 휘둘리거나 부화뇌동하는 일이 없도록 주위에서도 신중히 판단하여 보호해주는 풍토가 조성되어야 한다고 역설한 바 있다. 우리나라 스포츠 계에도 편 가르기, 근거가 미약한 나쁜 평판을 만들어 재능 있고 국내외적으로 인정받아 한국스포츠외교의 선봉장 역할을 충실히 수행해 나갈 인재들을 소위 '왕따'로 만들려는 풍조가 상존하는 것 같다. 이는 자해행위에 불과하며 스포츠외교경쟁력을 스스로 잠식해 나가는 위험한 행동이다. 최소 십 수 년 이상 국가적으로 공들여 국제적으로 인정받고 있는 국제경쟁력이 넘쳐나는 인재들을 격려하고 적극 지원해주어야 대한민국스포츠 외교의 미래가 살아난다. 아시아 스포츠리더십 체계는 요지부동, 난공불락의 철옹성이 되어버렸다. 지속적 개혁, 혁신적 내지 개념혁명적 소신·협동적·상생적 유대관계 등이 이룩되지 않는 한 아시아스포츠 최강국인 한·중·일 3국이 중동세력이 장악하고 있는 반영구적 아세아 스포츠리더십 헤게모니를 찾아오기 어려운 형국이다. 아세아에서 경기력 패권과 스포츠외교력 헤게모니는 이율배반적인 것 같다. 이 같은 재미있는 현상은 세계스포츠 계에서도 일정부분 존재한다.

■ 스위스에 본부를 둔 국제스포츠 기구

IOC(국제올림픽위원회) FISA(국제조정연맹) FIBA(국제농구연맹)

AIBA(국제복싱연맹) ICF(국제카누연맹) UCI(국제사이클연맹)

FIFA(국제축구연맹) FIG(국제체조연맹) FEI(국제승마연맹)

IHF(국제핸드볼연맹) FIH(국제하키연맹) FIE(국제펜싱연맹)

ITTF(국제탁구연맹) FITA(국제양궁연맹) FILA(국제레슬링연맹)

FINA(국제수영연맹) FIVB(국제배구연맹) ISU(국제빙상연맹)

FIS(국제스키연맹) IIHF(국제아이스하키연맹)

FIBT(봅슬레이/사교 본부/사무국은 이탈리아 소재)

SportAccord-GAISF(국제경기연맹총연합회) 등

■ 모나코에 본부를 둔 국제스포츠 기구

IAAF(국제육상연맹) UIPM(국제근대5종경기연맹)

■ 영국에 본부를 둔 국제스포츠 기구

ITF(국제테니스연맹) ISAF(국제요트연맹) WCF(국제컬링연맹)

■ 헝가리(부다페스트)에 본부를 둔 소재 국제스포츠 기구(2개)

IWF(국제역도연맹) IJF(국제유도연맹)

■ 기타 지역에 본부를 둔 국제스포츠 기구

WT(세계태권도연맹): 대한민국 서울, 연락사무소는 스위스 로잔

ISSF(국제사격연맹): 독일 뮌헨

ITU(국제트라이애슬론연맹): 캐나다 밴쿠버

IBU(국제바이애슬론연맹): 오스트리아 잘츠부르크

FIBT(국제봅슬레이연맹): 이탈리아 밀라노, 연락사무소는 스위스 로잔

FIL(국제루지연맹): 독일 베르히테스가르텐, 연락사무소는 오스트리아 잘츠부르크

BWF(세계배드민턴연맹): 말레이시아 콸라룸푸르

이상과 같이 세계스포츠 초강대국인 미국은 국제스포츠 기구 본부는 커녕 올림픽종목국제연맹 회장이 한 명도 없다. 영국, 브라질, 호주 등도 국제연맹회장이 한 명도 없다. 몇몇 스포츠강대국을 제외하면 경기력 면에서 약소국 신세를 면치 못하고 있는 많은 국가들의 스포츠외교관들이 국제 스포츠외교력 측면에서는 득세하고 있는 기이한 현상이기도 하다. 대한민국은 현재 스포츠외교관을 양성하고 배출해내고 지원해주는 '스포츠외교관 아카데미'와 같은 상설기구 설치운영이 절실하다. 또한 가능한 많은 국제스포츠기구와 단체들의 본부를 대한민국에 유치하여야 한다. 스포츠 인재육성의 핵심대상을 스포츠외교 인력으로 선택하고 집중하여 대한민국이 향후 제2의 스위스와 같은 '스포츠외교 중심국가'로 거듭나도록 정부 차원의 실용적 지원 대책이 절실히 요구되는 시점이다.

스포츠외교 일취월장 방안

효과적이고 효율적인 유치활동을 통해 국제스포츠이벤트를 성공적으로 유치하려면 유치당사자인 해당 지자체, 중앙정부, KOC, 해당가맹경기단체, 국제스포츠외교전문가그룹 등이 일사불란하게 협조하는 공조 시스템을 갖추어 유치의 맥을 제대로 파악하여 입체적·기능적·시스템적 유치 전략을 전개해야만 승리할 수 있다. 무엇보다도 세계스포츠통할기관인 IOC를 위시하여 국제스포츠기구들의 내부정보와 친화력, 인적 네트워킹에 따른 거중 조정능력, 세계스포츠정부의 내각에 비유될 수 있는

IOC집행부와 국제경기연맹 집행부에 대한 영향력, 세계스포츠 계를 좌지우지하는 핵심실세들을 움직일 수 있는 힘 등을 갖추고 국익과 실리를 취할 수 있는 발판을 구축할 스포츠외교관 양성이 우선되어야 한다. 전 세계스포츠 강대국을 포함한 대다수 국가의 스포츠외교역량은 해당국 스포츠조직 전반에 걸쳐 지속발전 가능한 체계적 구도와 핵심조직구성원의 전략적 집중육성과 적재적소배치 그리고 탄탄한 뒷받침이 그 원동력이다. 예를 들면 각국 IOC위원들이나 가맹경기단체 및 NOC의 수장을 포함한 집행부 임원들과 스포츠외교관들은 거의 예외 없이 해당 스포츠전문가들(경기인 출신, 올림픽 등 국제대회 메달리스트, 스포츠행정가 등)로 구성되어 일사불란하고 지속적인 대형을 유지해가고 있다. 때문에 4년마다 치러지는 집행부임원 선출여부에 관계없이 흔들리지 않고 미래지향적인 스포츠외교를 지향해야 한다는 현실을 우리나라도 향후 눈 여겨 벤치마킹할 필요가 있다. 현대 스포츠외교의 핵심은 'IOC위원'과 국제스포츠기구 집행위원급 고위임원들과의 친분관계이다. 차제에 차세대 IOC위원 진출을 도모하기 위한 'IOC위원후보 및 차세대 국제연맹 임원후보군 인력 풀'에 해당되는 인재들을 발굴 육성하여 '국가대표 스포츠외교관 그룹'으로 차별화하여 이들에 대한 국가차원의 전략적·정책적 지원시스템을 구축하고 가동시키는 등의 방법도 탐구해 볼 가치가 있다고 본다. 스포츠외교관 양성추진계획과 관련 자칫 당초 취지와는 달리 현지 상황상 어쩔 수 없이 천편일률적으로 외국문화탐방 지향성향이 될 수도 있는 스포츠외교관 외국어연수프로그램은 현장상황과 효과측면을 비교해 볼 때 무작정 계속 추진하는 것은 재고해 볼 필요가 있다. 오히려 '스포츠외교 클리닉 프로그램', '스포츠외교현장 실전-실용영어교실' 등을 개설하여 각 경기단체를 포함한 스포츠관련단체 해당고위임원 및 요 원들을 비롯하여 스포츠외교관이 되고자 하는 모든 이들에게 폭넓고 실용적인 실전 스포츠외교 테크닉과 제반 실력(스포츠 외교상식과 매너, 실전 스포츠영어 현장 접목 및 활용방법, 국제스포츠외교 동향파악, 국제스포츠 계 인적 네트워킹 구축방향 제시 등)을 갈고 닦을 수 있도록 효과위주와 효율제고의 현장중심교육과 비전을 제시해 줄 수 있는 포괄적이면서 활용, 이용, 적용, 응용, 실용, 상용할 수 있는 '실전 스포츠외교관 양성기관'을 활성화하여 운영하고 스포츠외교 현장에 가능한 많이 참여시켜 실전경험을 취득할 수 있도록 하는 눈높이 제도적 장치가 필요할 것이다.

스포츠외교관 양성법

스포츠외교요원의 효율적 양성을 위한 구체적 실천방안에 대하여서는 이미 여러 관련 세미나 등 발표를 통하여 여러 차례 제안한 바 있다. 먼저 국내 가맹경기단체에 정부지원 국제업무전담 상설직원제도를 설치할 것을 제안한다. KOC가 위탁운영하던 스포츠외교전문가과정(경기대학교 제1기 및 2기, 경희대학교 제3기) 그리고 체육인재육성재단에서 여러 경기단체에 국제업무전문인력을 파견하여 좋은 성과를 보여준 바 있다. 그러나 이들의 경우 해당과정 이수 후의 진로문제와 해당경기단체에서의 신분상 제약과 업무의 제한성으로 인해 활용 가능하고 지속발전 가능한 본격적 스포츠외교요원으로 보기 어렵다. 향후 각 가맹경기단체 스포츠외교 전담요원은 해당종목 국제회의 및 대회 등 주요행사에 인맥구축과 국제동향 파악 그리고 향후 국제기구 임원 피선 및 국제대회유치 등을 염두에 둔 사전 섭외 및 로비를 지속적이고 원활하게 추진하도록 하기 위하여 정책적 차원으로 책정·집행될 예산을 바탕으로 한 현장 스포츠외교 활동전개에 제도적으로 투입되어야 한다. 그리하여 스포츠분야뿐만 아니라 국제관계에 관심과 자질이 있고 가능한 평생 국제관계 업무에 전념할 수 있는 꿈나무들을 정책적으로 폭넓게 일괄 발탁 채용하여 스포츠외교 인재 풀을 가동하고 이들에 대한 특별교육과 능력개발프로그램을 지속적 그리고 체계적으로 실시함으로써 '한국스포츠외교 100년 대계'를 예비하는 계기로 삼아야 할 것이다. 물론 KOC에는 보다 경험과 능력이 겸비된 정예요원들을 배치시키고 지원함으로써 향후 IOC, ANOC, OCA, 국제대학스포츠연맹(FISU), IFs 등 주요국제스포츠기구에 고위직 임원으로 피선되게 하여 한국스포츠외교의 첨병으로 국익과 위상강화를 위한 근간으로 삼는다. 향후 KOC 및 가맹경기단체 회의대표 등 선정 및 파견시에도 전문지식, 외국어 구사능력, 국제인지도 등을 감안한 효과적이고 효율성이 제고된 인적 네트워크 활용 및 참가에 따른 세부 현장활동과 운영방안 등을 제시함과 동시에 효과적인 사전협의, 교육(창조적 집단 사고법: brain-storming) 등을 병행함으로써 최적의 스포츠 외교역량발휘를 하게끔 시스템화하였으면 한다. 반면에 부적합, 부적절, 비능률적인 스포츠

계 인사들의 관행적 준 관광성 해외출장은 최대한 지양하여야 한다. 해당 국제업무 최적임자 및 스포츠외교 요원들에게 사명의식, 책임의식 그리고 소명의식이 최대한 발휘되어 스포츠외교활동전개 시 소기의 성과를 거둘 수 있도록 지속적이고 체계적인 지원과 협조체제 구축이 현실화되어야 할 것이다. 국내가맹경기단체의 경우, 각 종목별 경기단체내의 해당 스포츠외교요원을 필수요원으로 전문화하여 모든 국제행사에 연맹회장 등 기존회의대표 외에 추가로 의무적으로 파견하는 것을 정례화 및 정착화하여야 한다. 내실 있고 장기적인 외교채널구축을 도모하고 현장스포츠 외교활동을 다각적으로 지원할 수 있도록 시스템화하는 데 주력하여야 향후 지자체들의 해당 국제스포츠경기대회 유치 시 적극 활용할 수 있기 때문이다. 올림픽은 최소 5조 원 이상의 직접수입을 개최도시에게, 몇 십조 원 이상의 경제유발효과, 수십만 명의 고용창출효과, 천문학적 가치의 국가신인도 및 인지도 등의 부대효과를 개최국에 가져다준다. 우리나라의 경우 1990년대 중반부터 2000년대 초까지 스포츠외교력이 세계랭킹 최상위 권까지 진입한 적이 있었다. 2001년 모스크바 IOC총회에서 IOC위원장에 출마하여 로게 전임 IOC위원장에게 차점으로 석패한 김운용 전 IOC부위원장(1986년 개인자격 피선)은 KOC위원장과 대한체육회장, WTF 창설총재, 국기원 원장, GAISF 회장 및 IOC TV 라디오분과위원장 등 세계스포츠 계를 두루 석권한 한국스포츠외교사상 자타가 공인하는 최고의 세계적 스포츠외교관이었다. 1996년 IOC위원(개인자격)으로 선출된 이건희 전 삼성그룹회장, 2002년 IOC위원(국제연맹/IF회장 자격)으로 선출된 박용성 당시 IJF회장 등 아시아에선 유일하게 IOC위원 3명을 보유한 스포츠외교 강국이었다. 대한민국은 1988년 서울올림픽, 2002년 FIFA월드컵을 가장 훌륭하게 개최하였으며 2011년 대구광역시 개최 세계육상선수권대회 및 2018년 평창 동계올림픽 등을 성공적으로 개최하였으므로 세계 4대 스포츠이벤트(동·하계올림픽, FIFA월드컵축구, 세계육상선수권대회)를 모두 석권한 세계에서 5번째(G-5: 이탈리아, 일본, 독일, 프랑스, 대한민국, 러시아) 국가로 자리매김하게 되었다.

스포츠 외교의 현장

21세기올림픽유치경쟁-총성 없는 전쟁

제1회 근대올림픽은 고대올림픽 부활의 상징적 의미로서 1896년 아테네에서 개최되었다. 제2회 대회는 1900년 근대올림픽 창시자인 쿠베르탱 남작의 고향인 파리에서, 1904년 제3회 세인트루이스 대회부터 1980년 제22회 모스크바 대회까지 올림픽 유치 후보 도시 간 경쟁이 보편화되지 않았다. 오히려 집단 불참, 상업적 매력 감소 등으로 오히려 IOC가 올림픽 개최 희망도시를 찾기가 어려운 실정이었다. 예를 들면 1980년 동계올림픽의 경우 미국의 레이크 플래시드만 유일하게 시설 등에서 준비된 도시였다. 1978년 제80차 아테네 IOC 총회 시 1984년 올림픽 개최도시 선정 시에도 이란의 수도 테헤란이 개최신청은 했지만 팔레비 왕정의 붕괴로 포기하고 말았다. 따서 이 여파로 올림픽 개최희망도시가 없어져 버리자 미국의 LA는 거꾸로 IOC에 유리한 협상조건을 제시하고 거드름을 피울 정도였다. 그러나 IOC로서는 경쟁도시가 없는 한 뾰족한 대책이 없었다. 1981년 9월 30일 제84차 IOC 총회에서는 1988년 올림픽 개최도시를 선정하기로 되어있었는데 일본의 나고야만이 공식 신청을 한 상태에서 뒤늦게 당시 개발도상국이었던 대한민국의 서울이 두 번째로 유치신청을 하자 신청서류가 미비한 상태였음에도 불구하고 감지덕지 받아들일 정도였다. 서울이 당초 예상을 완전히 뒤엎고 52:27로 나고야를 물리치고 개발도상국으로는 30년 전인 1968년 멕시코시티 다음인 두 번째로 1988년 제24회 올림픽개최지로 선정되었다.

1984년 LA올림픽의 재정적 흑자와 1988년 서울올림픽의 재정적 흑자는 물론 성공적인 개최에 힘입어 드디어 전 세계 국가들이 올림픽 유치를 통해 국가경제활성화 등 일석이조의 효과를 노리고 달려들기 시작했다. 1992년 올림픽 유치경쟁부터는 적게는 4개부터 많게는 8개 국가 유치도시들이 올림픽 유치를 향해 쇄도하게 되어 IOC는 쾌재를 불렀고 올림픽 운동사에 있어서 상승국면의 전환기를 맞이하게 되었다. 이러한 인기와 열기에 힘입어 테러위험의 먹구름도 유독 올림픽만은 비켜 갈 정도로 반석 위에 자리매김한 것이다. 1992년 올림픽 개최도시는 자크 시라크(Jacques Chirac) 프랑스 대통령이 주도한 파리와 막강한 파워로 올림픽 군주로 지칭되던 사마란치 IOC위원장의 고향인 스페인 바르셀로나의 2파전이었다. 용의주도하고 치밀한 득표 작전이 먹혀들었던 바르셀로나가 승자가 되었고 파리는 선전에도 불구하고 교란 작전에 말려 분루를 삼켜야 했다. 이에 동정심리가 작용하여 프랑스는 동·하계올림픽 개최 도시를 한 총회에서 동시에 선정하는 규정에 따라 프랑스의 알베르빌이 1992년 동계올림픽 개최도시로 결정되는데 만족해야 했다. 차기 동·하계올림픽은 1996년에 개최되어야 했으나 IOC의 올림픽 마케팅 신 재정 창출정책(New Sources of Financing) 기조 및 올림픽운동의 활성화 방안 추진을 위한 IOC 헌장규정 개정이 있었다. 이러한 기조 하에서 1996년 대신 2년 앞당긴 1994년에 동계올림픽을 분리 개최키로 하여 동·하계올림픽이 2년 간격으로 4년마다 별도로 각기 다른 해에 분업형태로 조직되기 시작했다. 따라서 1994년 동계올림픽 개최도시는 7년 전 IOC 헌장규정이 예외적으로 적용되어 6년 전인 1988년 서울올림픽에 앞서 신라호텔에서 개최되었던 제94차 IOC 총회에서 기라성 같은 세계적 유치경쟁도시들, 즉 스웨덴의 외스테르순드와 오레, 미국 알래스카 주의 앵커리지, 불가리아의 소피아 등을 물리친 노르웨이의 릴레함메르가 선정되었다. 이는 2010년 동계올림픽 유치 당시의 다크호스였던 평창의 선전과 비슷한 정황이었다. 1996년 올림픽 개최도시는 주 UN 미국대사로 명성을 떨친 앤드류 영(Andrew Young) 시장이 열정적으로 주도한 미국의 애틀랜타가 당초 근대올림픽 100주년을 맞이하여 근대올림픽 발상지로 100년만의 귀향이란 기치와 명분을 내세워 유치하려던 그리스의 아테네의 야심에 찬물을 끼얹고 영광스런 100주년 올림픽(Centennial Olympics) 개최도시로 선정되었다.

1998년 동계올림픽은 10년 전 선두주자였던 나고야의 1981년 서독 바덴-바덴 IOC총회에서의 패배에서 교훈을 얻어 절치부심한 일본이 한때 부동산 등으로 세계최고의 갑부대열에 올랐던 세이부 그룹 회장인 스즈미 요시야키 전 일본 올림픽위원회(JOC) 위원장의 절대적인 후원과 용의주도한 전방위 득표로비 작전에 힘입어 스즈미 회장의 고향이기도 한 나가노에서 개최하는 것으로 결정되었다. 동계올림픽시설 인프라나 개최능력, 엄청난 미국 내 TV 방영권료, 올림픽 스폰서 등으로 완벽한 역대 최강 유치후보도시 0순위였던 미국의 솔트 레이크 시티를 격침시킨 것이다. 스즈미 회장과 JOC는 이변창출의 선구자가 되었다. 일본 나가노에 참패한 솔트 레이크 시티도 전방위 득표작전을 벤치마킹해 4년 후 2002년 동계올림픽 개최지로 선정되는데 성공한다. 그러나 동양적 로비문화의 심오한 경지와 뒷수습에서 약점을 여실히 드러내며 근대올림픽운동사상 최대 유치 스캔들의 단초를 제공하였고 IOC는 이에 대해 강력한 개혁을 단행하게 되고 스캔들에 관련된 몇몇 IOC위원들은 결국 가슴 아픈 귀향을 하게 되었다. IOC 윤리규정(IOC Ethical Code)은 이렇게 탄생하였다. 이에 앞서 1993년 모나코에서 개최된 제101차 IOC 총회에서는 승리를 장담하여 전세기를 동원해 천안문 광장에 현지 실황 중계용 대형 스크린까지 설치했던 베이징이 호주의 시드니에 간발의 차로 덜미를 잡혔다. 2004년 올림픽은 1996년 100주년 귀향올림픽 유치에 분루를 삼켰던 그리스 아테네가 미모와 저돌적 성격의 지아나 앙겔로풀로스(Gianna Angelopoulos) 여성 유치위원장을 앞세워 IOC위원들을 상대로 치밀하고 집요한 유치 캠페인을 전개하여 '재수생 합격'식의 올림픽 유치에 성공하는 개가를 올렸다.

앙겔로풀로스 아테네 유치위원장은 결국 2004년 아테네올림픽 조직위원 장까지 석권하였다. 2006년 동계올림픽은 필자가 실무총괄 기획, 운영하고 조직했던 1999년 제109차 서울총회에서 솔트 레이크 시티 유치 스캔들 건을 언론에 발표함으로써 IOC 명성과 평판에 커다란 흠집을 내는데 일조한 고 마크 호들러(Marc Hodler) IOC위원의 고국인 스위스의 시온이 우세한 제반 여건 등에도 불구하고 IOC위원들의 반대여론에 밀려 이탈리아의 토리노에 2006년 동계올림픽 개최권을 내주고 말았다.

필자가 IOC 평가위원으로 활약했던 2008년 올림픽유치경쟁은 중국의 베이징과 함께 프랑스 파리와 캐나다 토론토가 3파전을 벌이는 양상이었지만 13억 인구를 가진 21세기 떠오르는 태양이자 욱일승천하는 베이징을 당하기에는 역부족이었다. 2012년 올림픽 유치경쟁도 한편의 감동드라마라고 할 수 있을 것이다. 2000년과 2008년 올림픽 유치 도전에 이어 '삼수생'인 프랑스가 파리를 앞세워 유치경쟁 초반부터 투표가 임박했을 때까지 줄곧 흔들리지 않는 부동의 선두주자였다. 라이벌 도시였던 영국의 런던은 개최도시 결정 1년 전 영국 BBC가 파노라마 프로그램에서 '몰래 카메라(Hidden Camera)'를 이용해 폭로한 IOC위원 매표 가상 시나리오의 공개로 인해 치명상을 입고 있던 터였다. 2005년 초에는 엘리자베스 여왕조차 런던이 파리의 효과적이고 짜임새 있는 유치 캠페인에 훨씬 뒤져 있다는 비공식적 비판을 했다고 외신은 흘렸다. 그러나 2005년 7월 싱가포르 개최 제117차 IOC 총회장 주변에서는 서서히 반전드라마가 시작되는 느낌이 감지되었다. 시라크 프랑스 대통령의 싱가포르 현지 지원 계획(회의 참석 및 마지막 유치 캠페인 주도)이 결정된 상태였지만 당시 스코틀랜드 글렌이글에서 예정된 2005년 G-8 정상회담 호스트 격인 토니 블레어(Tony Blair) 영국 수상의 경우 싱가포르 회의 참석이 불투명한 상태였다. '가장 바쁜 사람이 가장 시간을 잘 만든다.'는 말처럼 블레어 당시 영국 수상은 싱가포르 방문 3개월 전부터 부동표를 중심으로 해당 IOC위원들에게 진심을 한껏 우려낸 메시지를 보내기 시작했다. 물론 싱가포르 현지에서 개인적으로 꼭 만나고 싶다는 내용도 잊지 않았다. 세계적인 지도자가 성심성의껏 작성한 개인편지는 많은 부동층 IOC위원들의 마음을 부지불식간에 움직이게 했다. 이틀 동안의 짧은 체류기간이었지만 블레어 영국수상은 캐주얼 차림의 편안하고 친근한 분위기를 만들어 내면서 해당 IOC위원들을 정중히 초청하여 친히 손을 부여잡으면서 진정 어린 마음을 전달하였다. 반면, 시라크 프랑스 대통령은 파리 유치위원회가 사전에 마련한 공식 리셉션 등에 참석하여 득의만만하고 안정된 얼굴로 IOC위원들과 만남을 가졌다. 그러나 공식석상이기에 블레어식의 친근감을 전달하는 분위기는 만들지 못했던 것 같다. 사실상 효과는 블레어식의 만남이 훨씬 컸으리라 생각된다. 투표 당일 런던의 프레젠테이션은 어린 세대의 감동적인 장면 표출 등으로 어필하면서 미래의 희망이란 메시지 전달에 성공하였다. 파리의 경우 완벽함과 전문성 그리고 안정성과 편안함을 효과적으로 표출해 내었으나 감동적인 측면에서 IOC위원들을 크게 압도하지 못했다. 마드리드, 뉴욕, 모스크바 등 나머지 3개 후보도시들도 각각의 특성을 강조하는 메시지 전달에는 성공하였다.

프레젠테이션이 끝나고 투표에 들어갔다. 이날은 제117차 싱가포르 IOC 총회 첫날인 7월6일이었다. 이날 영국 런던이 2년여 동안 선두주자 자리를 고수해왔던 프랑스 파리를 4차전까지 가는 치열한 접전 끝에 제치고 2012년 올림픽 개최도시로 등극하여 그 순간의 감격과 희열을 만끽하였다. 제117차 IOC 총회 개회식날인 7월5일 오후7시30분에는 리센룽(李顯龍, Lee Hsien Loong) 싱가포르 총리가 총회 개회사에서 5개 유치도시를 거명하면서 "런던, 마드리드, 모스크바, 뉴욕과 파리"라고 순위를 매겼다. 물론 '영어 알파벳 순'이라고 토를 달아 긴박한 순간을 공유하고 있던 IOC위원들을 포함한 모든 유치 도시 관계자들의 웃음을 자아낸 긴장해소용 청량제 노릇을 하기도 했지만 말이 씨가 되었다. 런던의 승리는 스코틀랜드에서의 G-8 정상회담 주최자이기 때문에 시간에 쫓겨 가면서도 싱가포르 현지까지 날아와 소탈하고 정감 넘치는 세일즈 외교를 펼친 토니 블레어 영국 수상, 투표 당일까지 포기하지 않고 IOC위원들의 표심 공략에 매진한 세바스찬 코(Sebastian Coe) 런던 유치위원장, 키스 밀스(Keith Mills) 유치위원회 국제위원장 겸 사무총장 등의 정성 어린 감동 마케팅과 투표 직전의 런던 프레젠테이션 내용에 담긴 진한 감동의 메시지 등이 승리의 요인으로 분석되었다. 반면, 파리 유치위원회는 시라크 대통령의 싱가포르 총회 참석 및 외형적인 현지 로비활동에도 불구하고 '마(魔)의 D-3일'부터 투표 전략에서 공격보다는 현상 유지에 치우친 인상을 남겨 최후까지 노력하는 자만이 미소 지을 수 있다는 만고불변의 진리를 다시금 확인시켜 주고 말았다. 한편, 백전노장의 사마란치 전 IOC

위원장 등이 막후 로비 활동을 주도한 마드리드 유치위원회는 다크호스답게 투표 2차전에서 32표를 획득, 런던(27), 파리(25), 뉴욕(16)을 제치고 1등을 하였으나 결국 3차전에서 런던(39), 파리(33)에 이어 31표를 획득하는데 그쳐 고배를 마시고 말았다. 2012년 올림픽 개최도시 결정투표 4라운드 중 3라운드에서 런던(39표), 파리(33표), 마드리드(31표)의 순으로 표를 획득하여 마지막 고개를 마드리드가 못 넘고 말았는데 필자도 현장에서 투표장면을 지켜보고 있었다. 그런데 문제의 3라운드가 끝나고 유럽의 한 IOC위원이 로게 IOC위원장에게 발언권을 요청하였다. 그리고 투표에 실수가 있었다고 토로하면서 재투표를 제안하는 발언을 하였다. 로게 위원장은 투표가 종료되었으며 주어진 투표박스 103표가 이상 없이 등록되었다면서 문제가 없기 때문에 유효한 투표라고 선언하였다. 결국 재투표는 없는 이야기가 되었다. 몇 개월이 지난 후, 또 다른 유럽계 IOC위원이 언론에 비슷한 이야기를 하여 한때 혼란을 야기하기도 했지만 IOC의 정확한 통계수치에 근거한 설명으로 이 논쟁은 일단락되었다.[01]

---

01 정황을 재구성해보면 재미있는 추리가 가능하다. 재투표를 제안한 IOC위원이 3라운드에서 마드리드를 생각하면서 전자투표를 잘못하여 파리를 눌렀다면, 만약 파리로 잘못 누르지 않고 제대로 마드리드를 눌렀다면 결과는 어떻게 되었을까? 3라운드 결과는 런던(39표)이 1위, 파리(32표)와 마드리드(32표)가 동률이 된다. 그러면 파리와 마드리드가 결선진출 최종투표를 하였을 것이고, 파리를 더 어려운 상대로 생각하는 런던지지자들은 투표 전략 상 마드리드를 선택하지 않았을까? 결국 마드리드가 런던과 맞서서 마지막 경쟁을 할 수도 있었을 것이다. 그렇다면 또 한 번 추리가 가능하다. 파리지지자들은 마지막에 런던을 선택하지 않았으리라. 그러면 2012년 하계올림픽은 마드리드 올림픽이 될 수도 있지 않았을까.

스포츠외교사로 본 서울올림픽

주지한 바와 같이 서울올림픽 유치를 착안한 인물은 박종규다. 전 청와대 경호실장, 대한사격연맹회장, 대한체육회장, KOC위원장, IOC위원을 역임했다. 1974년 스위스 베른에서 개최된 국제사격연맹(UIT) 총회에 참석했을 때 당시 김운용 세계태권도연맹(WTF) 총재의 기발한 제안으로[02] 유사 이래 대한민국이 유치한 최초의 세계선수권대회로 기록된 제42회 세계사격선수권대회는 동유럽 공산권국가들이 외면했음에도 불구하고 71개국에서 1,500여명이 참가하여 대성황을 이루었다. 이듬해인 1979년 제1회 세계공기총사격선수권대회와 제8회 세계여자농구선수권대회(이병희 대한농구협회 회장이 주도)도 성공적으로 치름으로써 자신감이 충만했던 박종규 KOC위원장은 KOC전문위원 3명(이원웅, 이태근, 김예식)이 주도하여 완성한 서울올림픽 유치계획서를 박정희 대통령에게 보고하여 재가를 받았다. 그 해 10월8일 서울시장 정상천이 세종문화회관에서 내외신기자들에게 제24회 올림픽 서울유치계획을 공식 발표함으로써 첫 단추를 채웠다. 18일 후 10.26사태로 물거품이 되는 듯했던 서울올림픽 유치의 불꽃을 다시 지핀 사람도 박종규다. 제5공화국 출범과 함께 1981년 9월1일 전두환 대통령으로부터 서울올림픽 유치작업을 지시받은 노태우 제2정무장관의 뒤늦은 부탁으로 막차를 탄 박종규 전 IOC위원(당시

---

02 마리오 바즈케즈 라냐 ANOC 회장이 제안한 선수단 1일 체재비 미화 10달러에 대하여즉석에서 한국은 미화 5달러로 제안함으로써 102명 중 62표를 얻은 서울이 선정되었다.

IOC위원은 김택수)은 국제스포츠 계의 돈독한 인맥을 풀가동했다.

라틴아메리카 스포츠 계의 대부 마리오 바즈케브 라냐 ANOC회장, 아디다스 회장 겸 국제스포츠계의 막후실력자 홀스트 다슬러(Horst Dassler), 다슬러 장학생으로서 국제복싱연맹 사무총장 및 회장을 역임한 안와르 초드리(Anwar Chowdhry), 서독 전 IOC위원 겸 서독 최대철강회사인 쿠르프 회장으로서 유럽 IOC위원들 사이에서 가장 존경받고 신망이 두터운 거물 베르톨트 바이츠(Berthold Beitz), 브라질 종신 IOC위원이자 최장수 FIFA 회장으로서 다슬러 회장의 지원을 받아 세계축구 중흥대사 역할을 했으며 라틴아메리카 스포츠 계의 거물로 군림한 후앙 아벨란제(Joao Havelange), 탄 스리 함자(Tan Seri Hamzah) 전 말레이시아 IOC위원 겸 AFC 회장, 전 쿠웨이트 IOC위원이자 OCA 초대회장이며 FIFA 부회장과 쿠웨이트 NOC위원장을 역임한 중동권 스포츠 계의 최고실력자 셰이크 파하드(Sheikh Fahad), 전 노르웨이 IOC위원이자 노르웨이 대형 선박회사 회장으로 1973년 현대 미포조선소에 최초로 선박건조를 의뢰한 얀 스타우보(Jan Staubo), 전 리비아 IOC위원 아타라불시(Atarabulsi), 전 카메룬 IOC위원 에쏨바(Essomba), 전 스위스 IOC위원 가프너(Gafner), 전 스웨덴 IOC위원 칼그렌(Carlgren), 전 스웨덴 IOC위원 에릭손(Ericsson), 전 영국 IOC위원 엑스터(Exeter), 전 파나마 IOC위원 드 레온(De Leon), 전 에콰도르 IOC위원 아로요(Arroyo), 전 푸에르토리코 IOC위원 헤르만 리케호프(German Rieckehoff), 전 아프리카 스포츠최고평의회 회장 겸 나이지리아 NOC위원장 아브라함 오르디아(Abraham Ordia), 네덜란드 출신 IAAF 회장으로서 한국전쟁 기간 3년 동안 부산에 근무한 아드리안 폴렌(Adrian Paullen), 전 USOC 사무총장이자 ANOC 대표로 IOC의 현지 실사단 대표였으며 1954~1956년 서울 용산의 미8군에서 근무한 돈 밀러(Don Miller), 전 영국NOC 사무총장 겸 ANOC 대표 IOC 현지실사 단 대표 리처드 팔머(Richard Palmer) 등을 비롯한 52명의 IOC위원들의 전폭적 지지가 큰 힘이 되었다.

미주지역 TV중계권 협상권과 올림픽휘장사업 해외기업 선정권을 조건으로 44표(과반수)를 약속한 다슬러의 기대치보다 상회한 수의 표를 확보할 수 있었던 비결은 박종규, 이원경(초대 SLOOC 사무총장, 제 2대 체육부장관, 외무부장관 역임), 조상호(SLOOC 제2대 사무총장, 부위원장 및 체육부장관 역임), 김운용, 최만립(최장수 KOC명예총무, KOC부위원장 역임), 전상진(KOC부위원장 겸 대사), 김세원(KOC부위원장 겸 대사), 이종하(전 연세대학교 교수 겸 FISU 집행위원), 오지철(한국관광공사 사장, 조선 TV사장, KOC국제과장 및 문화관광부 차관 역임) 등 기라성 같은 국제통 제1세대 스포츠외교관 선배들의 노력에 있었다. 우리나라 경제중흥의 주역으로서 서민적 취향과 기상천외한 아이디어를 가진 정주영(전경련 회장, 현대그룹 회장, 유치위원장, 대한체육회장, KOC위원장 역임), 유창순(무역협회장, 국무총리 역임), 이원홍(KBS 사장) 등을 비롯한 한국재벌기업 총수들과 김택수, 박영수(서울특별시장), 이선기(국무총리실 행정조정실장), 이연택(국무총리실 행정조정관, 대한체육회장, KOC위원장, 총무처 장관 및 노동부 장관 역임), 이흥주(총리실 국장, 총리실 행정조정실장 역임), 열악하고 척박한 업무추진환경 속에서도 굴하지 않고 방대한 분량의 영어와 프랑스어로 올림픽 유치신청서를 작성한 KOC의 전문위원 3인방(이원웅, 이태근, 김예식) 등의 헌신적인 노력도 있었다. 또한 필자가 직접 접하지 못하였고 동고동락하지 못하였기 때문에 일일이 거명하지 못하지만 그늘에서 불철주야 애쓴 실무사절단 여러분과 대한민국을 대표하여 우리의 국기인 태권도 보급을 위해 전 세계에서 활약하고 있는 태권도사범들의 효과적인 인맥 찾기와 희생적인 봉사, 그리고 현대그룹 유럽지사 임직원 여러분들의 헌신적인 뒷바라지도 간과해서는 안 될 것이다. 서울올림픽 유치는 이들 모두의 열성과 열정, 국가관에 입각한 각고의 희생적 노력 덕이라고 생각한다. 당시 막대한 국가예산이 소요될 올림픽유치가 잘못되면 국가경제에 미칠 파장을 우려한 나머지 조심스러운 입장일 수밖에 없었던 남덕우 총리를 비롯한 많은 국무위원들의 우려와 견제를 무릅쓰고 대통령 결재를 받아내어 올림픽유치신청에 필수 불가결했던 정부보증서확보에 일등공신이었던 이규호 문교부장관의 올림픽 사랑과 올림픽 유치를 통한 대한민국 선진국 도약에 초석을 놓았던 그 집념과 초지일관의 소신은 지금도 존경의 대상이 되고 있다. 또한 일제강점기였던 1936년 베를린올림픽 마라톤 우승자 손기정 선생은 바덴-바덴 현지 서울올림픽 유치전시관에서 베를린올림픽 당시 자신의 결승선 통과 경기장면 모습이 담긴 사진 엽서를 나누어주며 자필 서명을 해줌으로써 현지 독일인들의 인기몰이는 물론 대한민국의 우수성을 온몸으로 보여주며 묵묵히 유치성공의 일익을 담당하였다. 국무위원들 중 이규호 문교부 장관과 같이 진취적인 비전으로 올림픽유치활동 자체가 한국홍보에 큰 도움이 될 것이라고 지원 사격했던 당시 이광표 문공부장관의 식견, "한국의 수출을 늘리려면 어떠한 희생을 무릅쓰고라도 올림픽을 유치해야 한다.” 는 요지의 정보분석 보고서를 대통령에게 직접 보고함으로써 서울 올림픽유치 결심 굳히기에 결정적 역할을 담당한 당시 유학성 안기부장의 소신과 안목, 그리고 체육행정의 책임자였던 박성규 문교부 체육국장의 흔들리지 않았던 국가관과 사명의식 등은 대한민국 선진화와 한국스포츠외교의 지표를 형성하는 거대한 견인차 역할을 했다. 당시 노태우 제2정무장관(초대 체육부장관, 제2대 SLOOC위원장, 대한체육회장 겸 KOC위원장, 민정당 대표, 제6공화국 대통령 역임)은 탁월한 식견과 통찰력 그리고 올림픽에 대한 열정을 가지고 서울올림픽 유치부터 성공적 개최까지 마무리한 올림픽을 위한, 올림픽에 의한, 올림픽을 통한 올림픽 대통령이었다. 노 대통령이 SLOOC위원장을 맡았던 초기에 필자(원숭이 띠/1956년생)는 영어·프랑스어를 통역하면서 가까이서 보좌한 경험이 있다.[03] 아무튼 서울올림픽 유치사절단은 대한민국 역사상 가장 기적적인 ‘바덴-바덴 대첩’을 이룩한 주인공이며, 이 사건은 대한민국 스포츠외교사에 가장 빛나는 금자탑 제1호이다. 바덴-바덴의 승리를 ‘선더 버드(Thunder Bird; 천둥 새. 인디언들의 전설에 나오는 번개를 몰고 온다는 새) 작전’이라고 명명하였다 한다.

　1966년 12월 제5회 방콕아시안게임 기간 중 개최된 아시아경기연맹(AGF: OCA의 전신) 총회에서는 1970년 제6회 서울아시안게임 개최가 만장

03　필자는 또한 사마란치 전 IOC위원장(1920년생, 원숭이띠), 마리오 바즈케즈 라냐 ANOC 회장(1932년생, 원숭이띠)과 특히 절친하였는데 그 이유는 올림픽에 대한 열정과 애정이었겠지만 ‘띠동갑’이라는 인연도 없지 않았으리라는 생각이 든다.

일치로 결정되었다. 뿐만 아니라 유치의 주역이었던 장기영 KOC위원장이 AGF회장(개최국 당연 직)으로 선임된 한국 스포츠외교의 최초의 쾌거였다. 그러나 이 대회가 예산문제로 2년 후인 1968년 5월 반납됨으로써 한국 스포츠외교사 초유의 불미스러운 사건으로도 기록되었다. 박정희 대통령의 재정보증서까지 제출하고 스리랑카와 경합 끝에 성공한 대회유치를 반납하게 된 실제적인 이유는 대회조직운영의 헤게모니와 개최비용 산출문제를 둘러싼 체육단체들(대한체육회, KOC, 대한학교체육회) 간의 알력과 세력다툼 때문이었다는 사실은 한국스포츠외교사에 부끄러운 한 페이지이기도 하다. 사실 박정희 대통령이 대회반납 지시를 내린 주된 이유는 다른 데 있었다. 즉 한국의 경기력이 당시 일본에 비할 바 못 되는 수준이어서 주경기장에서 열리는 육상경기뿐 아니라 전반적인 경기종목에서 일본선수들의 금메달 독식으로 일장기가 지속적으로 게양될 것이고, 또 일본국가 '기미가요'가 수도 없이 울려 퍼지게 되면 개최국인 한국 국민들 사이에 격해질 반일감정 폭발할 수 있다는 우려가 결정적이었다고 한다. 또한 1966년 제5회 방콕아시안게임 기간 중 한국선수단(단장 손기정)과 대한체육회가 별도의 법인조직으로 활동 중이던 KOC 파견임원 간의 반목으로 불협화음을 빚으면서 체육단체 간의 통합작업이 진행되어 결국 1968년 3월1일 개최된 대한체육회 통합총회에서 민관식 대한체육회장을 통합대한체육회장 겸 KOC위원장으로 추대하게 되었다. 그때부터 KOC는 주도권(법인자격, 인사권, 재정권 등)을 상실했고 대한체육회의 특별위원회로서 명목상 국제업무 대외창구역할만 하게 된다. 한편 주도권 싸움에서 완패한 장기영 KOC위원장은 어렵사리 한국으로 유치했던 1970년 제6회 서울아시안게임의 굴욕적인 반납작업을 마무리 짓기 위하여 1968년 AGF총회를 서울에서 개최하여 대회반납을 총회 이름으로 결정한 후 일본과 태국을 두 번씩이나 오고 간 끝에 "대회개최 적자예상액의 50%인 미화 20만 달러는 한국이 부담한다."라는 치욕적인 조건으로 1968년 12월 태국에 대회를 넘기고 말았다. 이것은 대한민국의 스포츠외교위상을 20년 이상 앞당길 수 있는 당시로서는 천재일우의 기회를 제 발로 걷어찬 국제적 망신이었다. 그러나 1980년 9월30일 대한민국 올림픽유치사절단이 이룩해낸 바덴-바덴 대첩과 서울올림픽의 성공적 개최는 아시안게임 반납으로 잃었던 한국스포츠외교 20년을 회복하고 다시금 국제스포츠 계에서 그 위상을 반석 위에 올려놓았다는 점에서 주목할 만한 쾌거임에 틀림없다.

영국 축구선수 출신의 스포츠 저널리스트 데이비드 밀러(David Miller)는 다음과 같은 극찬을 남겼다.[04] "나는 1988년 서울올림픽 폐회식이 거의 끝나갈 무렵 식장을 걸어 나오면서 한국에 대한 진한 사랑을 느꼈다. 가장 대규모의 대회를 치르면서도 그들은 완벽한 주인 역할을 해냈다. 올림픽운동이 한국에 진 빚은 엄청나다. 한국인들은 '독일인들의 조직력', '동양의 예절', '미국적 재정 감각' 등을 두루 갖추고 있다. 한국인

---

04 밀러는 「더 타임즈(The Times)」, 「선데이 텔레그라프(Sunday Telegraph)」, 「데일리 익스프레스(Daily Express)」 등 유력 매체에서 기자로 활약하다가 은퇴한 올림픽 전문 베테랑 저술가다.

들은 실패할 가능성이 거의 없다. 올림픽은 항상 개최국 위주로 치러지는 경향이 있다. 한국처럼 겸손한 자세로 치러낸 국가는 거의 보지 못했다. 최악의 경우가 발생했더라면 IOC와 사마란치 위원장이 몽땅 덮어썼을 것이다. 그러나 30년 전만 하더라도 폐허였던 한국이 이룩해낸 것은 눈부셨다. 북한은 올림픽을 테러 하지 못했고, 사회주의국가들은 보이콧 하지 못했으며, 문제가 있었다면 학생들이 약간의 화염병을 던졌을 뿐이다. 규모나 기술 그리고 인기도 면에서 역사상 최대 규모였던 1988년 서울올림픽은 극소수의 선수들이 물의를 빚은 약물복용소동을 제외한다면 대성공이었다. 서울올림픽은 선수들에게 더할 나위 없는 시설과 편의를 제공했으며, 한국인들은 1972년 뮌헨올림픽 이후 올림픽에 대해 어느 누구보다도 탁월한 공공 의식수준을 보여주었다. 우정이 흘러 넘쳤다. 폐회식에서 아랍과 이스라엘 사람들이 한데 어울려 트랙을 돌았다. 한국인들은 음악과 노래, 연극과 춤 등 오랜 문화적 전통을 간직하고 있다. 이런 전통은 개회식과 폐회식 때 유감없이 발휘되었다. 한국인들은 우리를 환영했으며 아쉬움이 남을 만큼 우리를 환송했다." 사마란치 전 IOC위원장은 이렇게 회고하였다. "나는 긴장을 풀지 못했습니다. 폐회식을 하던 순간이 나에겐 가장 행복한 시간이었습니다. 내가 생각하기에 1988년 서울올림픽은 '가장 훌륭한 대회'였습니다. 그러나 나는 2주 내내 절망적인 불안감에 싸여 있었습니다." 누가 뭐라고 해도 서울올림픽 성공의 가장 훌륭한 공로자는 사마란치 전 IOC위원장이다.

IOC박물관 속 서울올림픽의 발자취

IOC관련 국제스포츠회의 참가 차 벌써 수십 차례 방문한 바 있는 IOC 본부가 소재한 스위스 로잔의 아름다운 호숫가에 올림픽박물관(Quai d'Ouchi 1, Lausanne)이 자리 잡고 있다. 로잔에 가면 올림픽 관련 3대 명물이 있는데 그것은 IOC본부, 올림픽박물관, 그리고 IOC본부 호텔인 로잔 팔라스(Lausanne Palace) 호텔이다. 물론 최근에는 IOC와 근거리 스포츠외교와 로비를 하기 위해 많은 국제연맹본부들이 경쟁적으로 가 별도의 집합건물을 임대하여 상주하고 있다. 올림픽종목 국제경기연맹의 본부는 대부분 여기에 입주해 있다. 로잔에 갈 때마다 꼭 들르는 곳이 바로 올림픽박물관이다. 이곳 올림픽박물관 전시장 1층 정면에는 올림픽박물관신축비용 기부자명단이 대리석 벽돌에 빼곡히 새겨져 있다. 역시 1층 제1전시실에는 IOC역사와 역대올림픽 소개 공간이 있다. 당시 사마란치 IOC위원장이 20세기 최고의 올림픽(The Best Games Ever)으로 극찬한 1988년 서울올림픽 전시공간에는 서울올림픽 마스코트인 조그만 호돌이 인형과 올림픽주경기장 금속재질의 축소판 기념품, 태극부채 등이 달랑 몇 점 놓여 있어 을씨년스럽기까지 하다. 아니, 그 화려하고 웅장했던 서울올림픽 기념품이 그것뿐이었나? 올림픽박물관을 방문하는 전 세계 관람객들이 그곳에 전시된 서울올림픽관련 전시품을 볼 때 서울올림픽과 대한민국 그리고 2018 평창에 대한 느낌과 평가는 어떠했을까? 올림픽박물관 측과 협상을 통해서든, 스포츠외교력을 발휘해서든 반드시 보완해놓도록 국민체육진흥공단 책임자에게 당부했다.

【 '더반대첩' 평창 동계올림픽 유치 】

	평창	뮌헨	비고
동계올림픽기간	2.9~25(17일간)	2.9~25(17일간)	같은 시간
동계 패럴림픽대회	3.9~15(7일간)	3.9~15(7일간)	
일일 평균기온	-4°C	0°C	(가미쉬-파르텐키르헨/Garmisch-Partenkirchen)
적설량	37.21cm	28.7cm	
경기장 간 거리	전 경기장 30분 이내	60~65분(뮌헨-가미쉬/Munich-Garmisch) 110분(뮌헨-쾨니히제/Munich-Koenigssee)	(가미쉬-파르텐키르헨/Garmisch-Partenkirchen)
경기장분포	알펜시아 클러스터/Alpensia Cluster (6종목/선수촌, 기자촌, IOC호텔: 평창) 코스털 클러스터/Coastal Cluster (6종목/선수촌: 강릉) 독립형 경기장/Standalone Venues (스키 활강: 중봉)	'2개 경기장파크 개념-빙상파크/Two-Park Concept-Ice Park(뮌헨): 5종목, 주경기장, 선수촌 기자촌 설상파크/Snow Park(G-P) : 9개 종목, 선수촌, 기자촌, 미디어센터 Koenigssee : 3종목(썰매/루지, 봅슬레이, 스켈레톤)	
대중지지도	91%(전국) 93%(강원)/반대 없음	68%(전국), 75.5%(올림픽), 82.2%(스포츠)	
마케팅수입금	6억 5,100만 달러 (약 8561억 원) 입장권(158M), 국내 스폰서(250M)	10억 740만 달러(약 1조3962억 원) 입장권(229M), 국내 스폰서(559M), 상품화권(43M)	

	평창	뮌헨	비고
주요국제 스포츠이벤트	20개	24개	
호텔숙박비	72(3star)-364(스위트 룸/suite)	117-1,800(스위트 룸/suite)	
객실규모	7만6054객실확보/10만 개 확보 (2016년까지)	3만5000개 객실(뮌헨 지역 3-4star)	
인구	152만5000명(강원도)/5060만 명 (전국)	146만 명(뮌헨) /1260만 명(바바리아주/8020만 명(전국)	
국제공항	인천(240km/평창, 267km/강릉)	뮌헨(관문공항/gateway)/인스브루크 및 잘츠부르크(오스트리아) 대체공항 뮌헨 (3500개)/설상 선수촌/Snow Village(2500개)	
선수촌규모	평창(3500개 침대)	강릉(2,300개)	
유치예산규모	3510만 달러 (약 456억 원)	4240만 달러 (약 551억2000만 원)	
신설경기장	6개	15개 중 8개(기존), 3개 (신설), 4개 (임시)	
기타	2017년 완공예정 철도(30억 달러: 약 3조9000억 원 소요) 강원도 복선화 (원주-강릉)	2011년 세계선수권대비(봅슬레이/스켈레톤) 경기장 보완건설 중 (3150만 달러/약 456억 원 소요) 기존시설 보완(renovation)	

3수에 나선 평창

2010년 밴쿠버 동계올림픽 성적에 도취되어 2018년 평창 동계올림픽 유치와 연결하는 장밋빛 환상에서 그만 깨어나자고 했다. 경쟁도시 뮌헨이 속한 독일의 성적은 적어도 우리보다 3수 위였다. 또한 독일은 토리노 동계올림픽에서 한국이 7위할 때 메달 종합순위 1위를 차지한 동계올림픽 강국이다. 그러나 김연아와 한국 빙상선수들의 빛나는 성적으로 우리나라의 동계스포츠는 전 세계에 괄목할만한 한국의 힘을 충분히 보여주었다. 장하고 자랑스럽구나, 한국의 G세대 선수들이여! 2010년 3월2일 우천에도 불구하고 뮌헨 동계올림픽유치행사의 일환으로 70여 명의 밴쿠버 동계올림픽 참가 독일대표선수들이 탑승한 차량이 개선문을 지나자 우산을 쓰고 몰려나온 환영인파는 동계스포츠와 뮌헨 유치에 따른 독일국민들의 열렬한 성원과 열정으로 비춰졌다. 앙겔라 메르켈(Angela Merkel) 독일총리도 발 벗고 나서는 총력태세를 보여주고 있었다. 2010년 3월6일 뮌헨 유치의 총괄회장인 토마스 바흐(Thomas Bach) 당시 IOC부위원장 겸 독일 올림픽위원회(DOSB) 회장은 기자회견에서 밴쿠버에서 뮌헨 동계올림픽 유치활동의 자리매김에 대하여 자신 있는 평가를 하였다. 바흐 유치총괄회장은 뮌헨 유치의 견인차인 동시에 차기 IOC위원장으로 사실상 낙점 받은 세계적 스포츠외교관이다. IOC위원장 유력 당선 후보이며 IOC부위원장으로서 IOC위원들 사이에서 타의 추종을 불허하는 영향력을 바탕으로 투표권자 들인 IOC위원들에 대하여 직·간접 적으로 고도의 내면 설득작업에 시동을 걸고 있었다. 뿐만 아니라 뮌헨 대외관계

유치위원장이며 얼굴이기도 한 카타리나 비트(Katarina Witt)는 동계올림픽 피겨 2관왕(1984 사라예보 및 1988 캘거리)의 관록과 매력을 앞세워 밴쿠버 동계올림픽 기간 중 90여 명의 IOC위원들을 만나 유치활동을 벌였다. 한편 역할 분담상 제3의 유치위원장으로 7개국어를 구사하는 빌리 보그너(Willy Bogner)는 가미쉬-파르텐키르헨(Garmisch-Partenkirchen; 설상종목: 기존 시설), 뮌헨(빙상종목), 쾨니히제(Koenigssee; 썰매 종목: 기존 시설)로 특성화되고 환경 친화적 경기장 개념과 유치전략, 동계올림픽에서의 선수들의 기량과 관객 호응정서 등의 탁월성과 지속가능성 및 친환경전략 등을 개발하여 차별화를 기하였다. 지안 프랑코 카스퍼(Gian Franco Kasper) 국제스키연맹(FIS) 회장 겸 스위스 IOC위원은 한 외신과의 인터뷰에서 2018년 동계올림픽유치 경쟁과 관련하여 의미심장한 코멘트를 했다. 그는 유치경쟁의 관건은 "IOC가 원하는 바를 캐치하라. (What does the IOC want?)"라고 조언하였다. 그는 "스키축제가 성행하는 프랑스(안시)나 독일(뮌헨)로 갈 것인가? 아니면 동 아시아지역(평창)의 동계스포츠 발전을 도모하기 위한 뭔가를 성취하기를 원하는가? 이것이야말로 기술적 측면평가에 앞서 고려되어야 할 많은 항목들 중 중요한 결정사항이다."라고 언급하였다. 이는 평창에게는 고무적인 견해였다. 그러나 이러한 건설적인 견해와 대의명분에도 불구하고 유치경쟁의 핵심은 표 대결이다. 2011년 7월6일 남아공 더반 IOC총회 첫날 표 대결에서 이길 수 있는 가장 중요한 전략은 투표권이 주어지는 114명 중 108명(이해 당사국 IOC위원은 투표권행사 불가. 한국 2명, 프랑스 2명, 독일 2명 등 6명) IOC위원 개개인에 대한 확실한 표심 장악과 이에 대한 지속적 관리였다.

　그 당시 경쟁 선두도시인 뮌헨 팀은 유치위원회를 결성하여 자리 잡은 지 일 년이 훨씬 넘었던 시점이었다. 뮌헨2018유치위원회의 수뇌부는 역동적이고, 달변가들이었다. CEO인 보그너와 매혹의 전도사로서 뮌헨 유치 대외관계 위원장인 비트는 유능했다. 뮌헨유치의 총괄 회장이며 DOSB 위원장인 바흐는 IOC부위원장으로서 2013년에는 IOC위원장으로 선출될 가능성도 컸다. 나머지 유치도시들에 관련된 IOC위원은 누구나 투표권자들인 IOC위원 동료들 사이에 바흐가 휘두르는 영향력에 필적하지 못하였다. 자금력 또한 충분하였다. 뮌헨은 BMW, 아디다스, 지멘스 등 세계 굴지의 다국적 기업군의 본부이기도 하였다. 뮌헨이 강력한 경쟁 상대이기에 평창으로서는 철저한 대비책을 세우고 필적하는 공략방법을 모색하고 가동해야 했다. 114명의 IOC위원들 중 자국의 이해상충으로 투표권이 없는 6명의 IOC위원들(한국 2명, 독일 2명, 프랑스 2명)을 제외하면 108명이 남았다. '108명에 대한 108번뇌.' 숙고를 통해 평창의 2018년 동계올림픽유치를 위한 비장의 성공작전을 마련하여 실행에 옮겨야 했다. IOC위원 108명에 대한 개개인의 특성 유전자(DNA)를 분석하여 그에 맞는 인력을 적재적소에 투입하는 적극적인 맨투맨 유치활동을 사람 중심으로 전개할 때라고 필자는 피력하였다.

【평창2018 유치신청절차 일정표】

* 유치신청절차 날짜

〈1단계〉

국가올림픽위원회/NOC, IOC에 신청도시명 통보 2009. 10. 15 후보도시선정절차 서명·날인 2009. 11. 1 신청도시 부담금 납부(US$150,000불) 2009. 11. 1/ 2018 신청도시를 위한 IOC정보 세미나 2009. 12 2~5(스위스 로잔/Lausanne)/밴쿠버2010동계올림픽 옵서버 프로그램 2010. 2. 12~28/ IOC에 신청도시파일 및 보증서(4개) 제출 2010. 3. 15/ 개별 화상회의(1시간) 2010. 4월(실무 단 회의기간 중)/ IOC 및 전문가, 신청도시파일 검토 2010. 3~6월/밴쿠버2010올림픽Debriefing 2010. 6. 7~10(러시아 소치)/ IOC집행위원회, 2010. 6. 21~23/2018결선진출후보도시 선정

〈2단계〉

후보도시 부담금 납부(50만 달러) 추후통지(2010년 7월 말 예정)/ 후보도시 워크숍 2010. 9월(스위스 로잔/Lausanne)/ IOC에 후보도시파일 제출 2011. 1. 11/ 2018 조사평가위원회 방문 2011. 2월 중순~3월/ IOC위원 대상으로 후보도시 브리핑 2011. 5월(스위스 로잔/Lausanne)/2018동계올림픽 IOC 조사평가위원회 보고서 공개2011. 6월// 2011. 7월 6일 2018년 제23회 동계올림픽 개최지 선정 제123회 IOC총회(남아공 더반/Durban)

아시아대륙 20년 주기설

인터넷 외신 게임즈비즈 닷컴은[05] 2018년 동계올림픽유치신청도시 3곳이 제출한 신청도시파일을 분석하였다. 그 결과 비드 인덱스(Bid Index)가 공개되었다. 평창: 62.622, 뮌헨: 62.493, 안시: 51.44. 평창은 뮌헨에 0.13점 앞선 1위라서 당시 단계에서는 사실상 동점으로 간주되었다. 비드 인덱스는 게임즈비즈 닷컴이 자체 개발한 수학적 모델로 과거 유치성공도시의 비드와 비교하여 현재의 비드 평가 수치를 제공하였다. 2014년 동계올림픽 유치에 성공한 소치의 최종 비드 인덱스는 63.17이었고, 2016년 하계올림픽 유치성공 도시인 리우데자네이루의 경우는 61.42였다. 유치 신청도시 단계에서 처음 공개된 비드 인덱스는 유치도시들이 제출한 신청파일을 비롯하여 지리적·정치적·경제적 변수 등의 정보를 바탕으로 작성된 것이었다. 2010년 6월 확정될 유치후보도시 단계에서 제출(2011년 초)되는 정식 유치파일(3권 분량)의 내용을 재분석하면 비드 인덱스는 재산출 및 공개되도록 계획되었다. 또한 비드 인덱스에 영향을 미치는 여러 가지 변수가 산재해 있었다. 평창은 비드 인덱스, 외신평가 등에 일희일비하지 않되 언제나 이러한 면에서 우등생이었음을 잊지 말아야 했다. 내신 성적과 수능실력은 1차 관문에 불과하기 때문이었다.

2012년 런던, 2014년 소치를 포함해 최근의 7개 올림픽 유치 경쟁에서 유럽이 4개를 석권하였다(2004년 아테네, 2006년 토리노 추가). 미국은 2002년 솔

---

05 gamesbids.com

트 레이크 시티 동계올림픽유치 및 개최 이래 2018년까지 16년간 파리만 날리고 있었다. 2020년 올림픽유치도 당시에는 확정된 유치 시나리오조차 없었다. 이러다가 미국이 올림픽 불모지화하는 건 아닐까? 이것이 미국의 심각한 딜레마였다. 남의 이야기가 아니었다. 우리나라는 어떤가? 우리도 서울올림픽을 개최한 이래 26년간 올림픽 유치 성과가 없었다. 2018년 평창이 3수에 성공해야 30년 만에 대한민국 땅에 올림픽을 다시 불러오는 것이었다. 일본은 1964년 도쿄올림픽, 1972년 삿포로동계올림픽, 1998년 나가노동계올림픽 등 벌써 세 차례나 올림픽을 치렀고 2016년 도쿄의 올림픽 유치 실패 후 절치부심, 2020년 올림픽 유치 재도전에 칼을 갈고 있었다. 상상하기도 싫었지만, 만약 3수 도전에도 실패했다면 이는 일본의 2020년 올림픽유치를 도와주는 격이 되었다. 아시아로 보면 서울올림픽 개최 후 20년만인 2008년에 베이징올림픽이 열렸다. 또한 나가노동계올림픽 개최 후 20년이 되는 2018년에 다시 평창이 동계올림픽을 개최하게 되면 아시아대륙 20년 주기설이 입증될 수도 있었다. 역사는 반복된다. 그러나 20년 주기설은 반복되지 않을 수 있었다. 낙천적인 것은 좋지만 평창의 유치성공을 낙관하고 어찌 되겠지 하는 공짜심리는 버려야 했다. 누가 뭐래도 열심히 땅을 일궈야 씨앗을 파종하여 고귀한 결실을 맺을 수 있다. 투표권이 있는 108명 IOC위원 개개인 표심에 평창의 씨앗을 다시 심고 2011년 7월6일 남아공 더반에서 열리는 제123차 IOC 총회 첫날 2018년 동계올림픽개최도시 선정투표에서 대한민국의 평창이 반드시 유치에 성공할 수 있도록 피땀 어린 정성을 다해야 했다.

평창과 뮌헨의 파워 게임

2018년 동계올림픽 개최도시를 놓고 평창과 독일 뮌헨이 각축을 벌이고 있었다. 평창은 2010년 및 2014년 올림픽유치전에서 모두 간발의 차로 고배를 마셨지만 국제 스포츠 계에서 신뢰는 축적했다는 평가를 받았다. 뮌헨은 1972년 하계올림픽에 이어 올림픽사상 처음으로 '하계·동계올림픽 동시 개최도시'를 염두에 두고 있었다. 독일은 토리노동계올림픽 종합 1위, 밴쿠버동계올림픽 종합 2위에 오른 동계스포츠 최강국이다. 한국도 밴쿠버동계올림픽에서 종합 5위에 올라 크게 불리하진 않았다. 2018후보도시 선정에서 평창과 뮌헨, 그리고 프랑스의 안시는 2010년 3월15일 IOC에 유치신청서를 제출했다. 그 내용을 보면 평창이 결코 유리하지 않다는 분석이었다. 한 외신은 뮌헨이 1위, 평창이 2위, 안시가 3위라고 분석해 놓았다. 신청서 내용을 살펴보자. 평창의 유치자금은 3150만 달러(약 409억 원)이고, 뮌헨은 4,240만 달러(약 551억 원)로 자금동원능력은 뮌헨이 한 수위였다. 더구나 뮌헨은 유치자금 전액을 독일 스폰서들이 조달한다는 계획이었다. BMW, 루프트한자, 아디다스, 지멘스 등 다국적 기업을 중심으로 이미 60% 이상을 확보했다. 이에 비하면 평창의 실적은 미미하였다. 평창의 국내마케팅 총수입예상 목표치는 $ 6억5100만 달러(약 8561억 원)인 데 비해 뮌헨은 10억7400만 달러(약 1조3,962억 원)로 뮌헨의 예상수익이 월등히 많았다. 물론 실현 여부는 미지수였지만, TV 중계권료의 대부분을 지불하는 미국 TV사의 입장에서 볼 때 미국 황금시간대 생중계와 광고 유치 측면에서 평창보다는 시차가 적은 뮌헨

을 선호했다. 평창이 유리한 면도 많았다. 경기장 분포와 경기장 간 거리
(평창은 모든 경기장이 30분 이내, 뮌헨은 스키와 빙상경기장 간 거리가 60분 이상)에서 유
리했다. 겨울스포츠 확산과 동계올림픽의 균형발전이라는 IOC의 목적
차원에선 평창을 선호하는 측면이 있었다. 또한 정부의 지원, 지역 주민
과 국민 성원에선 평창이 월등하였다. 그러나 개최도시선정 결과는 당시
IOC위원 114명 중 투표권이 있는 108명 개개인의 선호에 달려 있었다.
따라서 평창이 올림픽유치에 성공하려면 IOC위원들의 공감대를 효과적
으로 집약시키고 지속적으로 잘 관리해야 했다. 다음은 당시 양국의 파
워맨들을 비교한 것이다.

한국	독일
반기문 유엔사무총장	베네딕트 교황
이건희 IOC위원	토마스 바흐 IOC 부위원장
조양호-김진선 평창유치위원회 공동위원장	토마스 바흐뮌헨유치위원회 총괄위원장
박용성 KOC위원장	토마스 바흐 DOSB 위원장
문대성 IOC 선수위원(태권도 금메달리스트)	클라우디아 보켈 선수위원(펜싱 은메달리스트)
김연아(밴쿠버 동계올림픽 피겨금메달리스트)	카타리나 비트(사라예보 및 캘거리 피겨 금메달리스트)
삼성	BMW-아디다스-지멘스
대한항공	루프트한자

FIFA월드컵과 올림픽 유치

유치신청 마감일에 전광석화(電光石火)와도 같았던 한국의 2018
년/2022년 FIFA월드컵 유치신청으로 FIFA는 2018년 및 2022년 FIFA월
드컵 유치의사표명 접수마감일인 2009년 2월2일까지 총 11개국(한국, 호
주, 일본, 인도네시아, 잉글랜드, 멕시코, 카타르, 러시아, 미국, 그리고 공동개최 추진국들인 벨
기에-네덜란드, 스페인-포르투갈)이 유치의사 양식을 제출했다고 발표하였다.
FIFA는 당초 아프리카대륙의 이집트를 포함하여 모두 12개국의 접수를
받았지만 2014년 FIFA월드컵개최국(남아공)과 같은 대륙국가인 점을 감
안, 이집트는 최종후보에서 제외된 것으로 알려졌다. FIFA는 월드컵대회
를 대륙순환원칙에 의거하여 2002년 한국-일본(아시아), 2006년 독일(유
럽), 2010년 남아공(아프리카), 2014년 브라질(남미) 등으로 개최국을 선정
하였으나 사실상 남아공의 대회준비에 따른 제반 어려운 사정 등을 감
안 대륙 별 순환개최원칙을 무리하게 적용하는 것을 2007년 포기하기로
결정한 바 있다. 2018년, 2022년 FIFA월드컵 유치일정은 2009년 2월16
일까지 FIFA월드컵 유치등록양식을 FIFA사무국에 제출하고 2009년 12
월 다시 예비성격의 정부동의서를 제출하며 2010년 5월에는 유치신청
파일 및 정식 정부보증서를 제출한 뒤 별도일정에 따른 FIFA의 현지실사
를 받게 되는 것으로 알려져 있었다. 2018년 및 2022년 FIFA월드컵 개최
국은 2010년 12월2일 취리히 FIFA본부에서 개최되는 FIFA집행위원회에
서 투표로 최종 결정되었다. 2018년 및 2022년 FIFA월드컵 유치의사 전
격 표명 이후 평창의 2018년 동계올림픽유치신청, 그리고 부산의 2020

년 하계올림픽 유치신청의향표명 등과 맞물린 연이은 국제대회 국내유
치와 관련해 정부의 국제대회유치타당성심의와 조정이 정책적 차원에서
구체적으로 병행되어야 했으나 정치 논리에 의한 2022년 FIFA월드컵 축
구대회 유치신청 결정으로 한국은 또다시 국제스포츠 사회에 욕심꾸러
기로 비춰질 것으로 우려되었다. 올림픽은 정부의 보증 및 지원 하에 단
한 개의 개최도시가 대회를 치르지만 FIFA월드컵은 전국적으로 12개 도
시가 참여함으로 인하여 전국적 의견조율이 필수적으로 동반되어야 하
는 거국적 국제 스포츠 행사이기도 하다. 지금까지 FIFA월드컵은 대회
개최 6년 전에 개최국을 선정하여 왔다. 1994년 미국(1988년 선정), 1998년
프랑스(1992년 선정), 2002년 대한민국-일본(1996년 선정), 2006년 독일(2000년
선정), 2010년 남아공(2004년 선정)이 이에 해당된다. 2014년 브라질의 경우
일 년을 앞당긴 7년 전인 2007년 10월에 결정된 바 있다. 그런데 2018년
FIFA월드컵은 8년 전에 2022년 대회는 12년 전에 개최국을 동시에 선정
하게 되는 일탈(逸脫)적 성향을 보여주고 있었다. 2016년 하계올림픽 유
치후보도시(마드리드) 보유국인 스페인(포르투갈과 공동개최추진)의 경우 사마
란치 IOC명예위원장이 당시 「ABC 스포츠 데일리」지와의 인터뷰를 통해
스페인의 2018년 FIFA월드컵 유치와 관련, 올림픽과 FIFA월드컵이 상
호 별개의 국제대회라는 논리로 나름대로 훈수를 둔 바 있었다. 즉 FIFA
월드컵대회조직이 올림픽에 비해 훨씬 더 단순하며 그 이유는 각 대륙
별 예선을 거쳐 총 32개 팀이 대회 본선에 출전하게 되면 각각의 다른 도
시 들(12개)에서 4개 팀이 8개 조로 편성되어 경기가 치러지기 때문에 올

림픽선수촌과 같은 대단위 프로젝트가 필요하지 않으며, 단지 도시 별로 70~80명에 해당하는 선수단 숙박시설이면 충분하다고 하였다.[06]

역대올림픽과 FIFA월드컵대회 동반 개최사례를 살펴보면 멕시코가 1968년 올림픽과 1970년 FIFA월드컵을, 독일이 1972년 뮌헨올림픽과 1974년 FIFA월드컵을, 미국이 1994 FIFA월드컵과 1996년 애틀랜타올림픽을 동반유치 및 개최한 바 있다. 또한 2014년 FIFA월드컵 개최국인 브라질이 2016년 하계올림픽 개최국이 되었으며, 일본은 2020년 하계올림픽 도쿄유치 잠정후보도시 지위와 함께 2018년 또는 2022년 FIFA월드컵 유치 신청국이고 대한민국은 2022년 FIFA월드컵과 함께 2018년 평창 동계올림픽유치 및 2020년 부산하계올림픽유치 희망국으로도 알려져 있어 국제스포츠 계에 이미 혼란스러운 인상을 심어준 상황이었다. 물론 도쿄가 2016년 올림픽유치경쟁에서 실패했기 때문에 2020년 올림픽 재도전에 나설 가능성이 크고, 이와 관계없이 일본이나 미국이 2018년 또는 2022년 FIFA월드컵유치경쟁(2010년 12월2일 결정)에서 승리할 경우 도쿄의 2020년 올림픽유치 재도전 시도에는 브라질(2014년 FIFA월드컵 개최국 겸 2016년 하계올림픽 유치후보 도시 리우데자네이루 보유)과 유사한 심리적 부담을 다소 갖게 될 것으로 예견되었다. 따라서 2018년 동계올림픽유치 3수 도전을 천명한 평창으로서는 올림픽개최도시 결정시기(2011년 7월6일 남아

---

06 "대회조직을 위해서는 들어오는 돈을 쓸어 담을 자루 하나만 있으면 된다."고도 했다. (In order to organize World Cup finals all you need is a sack to collect the money that comes in.)

공 더반 개최 제123차 IOC총회)보다 7개월 정도 앞서 결정되는 2022년 FIFA월드컵 개최국 결정이 예정되어 있는 관계로 타이밍 상 부담요인으로 불리하게 작용될 수도 있었다. 2009년 초 프랑코 프라티니(Franco Frattini) 이탈리아 외교부장관이 로잔의 IOC본부를 방문하여 자크 로게 IOC위원장과 면담한 자리에서 이탈리아가 2020년 하계올림픽유치를 겨냥하고 있다고 언급하였으며, 로게 위원장은 이탈리아 도시의 올림픽유치 도전을 환영한다고 응답했다는 보도가 있었다. 로마는 국내의 올림픽유치후보도시 경합에서 승리하여 이탈리아 대표주자로 선정되었다.

1920년과 1924년 올림픽을 각각 개최한 앤트워프(벨기에)와 파리(2000년, 2008년 및 2012년 올림픽유치 실패) 역시 자국 올림픽개최 100주년을 기념하는 취지에서 2020년 및 2024년 올림픽유치를 계획하고 있었다. 따라서 2020년 올림픽유치 희망국인 이탈리아 IOC위원 4명, 프랑스 IOC위원 2명, 그리고 2018년 뮌헨 동계올림픽유치 후보국인 독일 IOC위원 2명 등 최소 8명의 유럽 IOC위원은 심리적 계산에 의하여 2016년 올림픽개최도시 선정투표 시 같은 유럽국가 후보도시인 마드리드를 선호하지 않았을 공산이 크다고 분석된 점을 감안할 때 마드리드는 이미 9표를 차감하고 득표 작전에 임해야 하는 어려움에 봉착하고 있었다. 그 당시 접촉한 IOC위원 30여 명과의 대화를 통해 미루어 짐작되고 있는 2016년 올림픽유치 결선진출 4개 후보도시들의 장단점을 보자. 마드리드는 훌륭한 유치개념(Bid Concept)에도 불구하고 2012년 하계올림픽과 2014년 동계올림픽이 연이어 같은 유럽대륙에서 개최된다는 점이 단점으로 지적되고 있었다. 리우데자네이루의 경우 올림픽사상 최초로 남미대륙에서 개최된다는 장점이 있지만 올림픽개최 2년 전 브라질 FIFA월드컵대회(2014년) 개최와 상대적으로 먼 거리 그리고 안전문제 등이 거론되고 있었다. 시카고는 탄탄한 올림픽준비상황과 버락 오바마 미국대통령의 고향으로서 대통령 자신의 올림픽유치성공에 대한 애착과 성원, 그리고 2012년 뉴욕시의 올림픽유치 실패에 따라 미국에 대해 약간의 동정여론이 이는 점 등이 득표 긍정요인으로 작용할 것이었다. 그러나 USOC에 과다하게 책정되어 있는 올림픽 스폰서 및 올림픽 TV 중계권수입 지분분배문제가 미해결상황인 관계로 당시 IOC와 지속적으로 불편한 관계를 형성했고 IOC위원들에게 고착된 반미정서 등이 부정적 요인으로 꼽혔다. 도쿄의 경우 올림픽유치파일 심사에서 가장 좋은 점수를 획득하였고, 도심에서 가장 이상적인 경기장 근접 배치계획 등으로 호의적인 평가를 받고 있었으며, 올림픽유치 서류심사 성적 1위라는 토대 위에 일본 특유의 친절하면서 적극적인 물밑 로비활동 등이 다른 후보도시들을 압도하고 있었다. 그러나 국제적인 감각과 IOC위원들과의 교류부족이 약점으로 지적되었다. 가장 불리한 점은 아시아대륙에서 2008년 베이징올림픽이 열린 지 8년밖에 지나지 않았다는 사실이 '2016년 도쿄올림픽'을 망설이게 하는 주요 원인으로 꼽혔다. 따라서 2018년 동계올림픽유치에 나선 평창으로서는 도쿄를 제외한 리우나 마드리드, 시카고가 승리해야 다소나마 유리한 입장에서 유치활동을 전개할 수 있었다. 동계와 하계올림픽이 별개인 점을 감안해 볼 때 평창의 강점은 살리고 취약점은 철두철미하게 보완하면서 국가적 공감대를 형성하여 유치경쟁에 임한다면 좋은 성과가 있을 것으로 기대했다. 중요한 요소는 역시 '사람'이었다. 유치위원회는 단견과 편견을 피해야 했고, 편 가르기를 해서는 안됐다. 경험 있고 유능한 유치전문가들을 비롯한 베테랑 스포츠외교 전문가들을 충분히 활용할 필요가 있었다. 특히 자만이나 막연한 낙관론에 도취되어서는 유치활동을 효율적으로 전개할 수 없고, 세 번째 유치도 실패할 것이 뻔했다.[07]

역사적인 밤

2011년 7월6일 자정 무렵 2018년 동계올림픽개최도시 발표식이 예정되었다. 남아공 더반 국제 컨벤션 센터에서 열리는 제123차 IOC총회 첫날인 7월6일 현지시간 오후5시30분(한국시간 자정~0시30분)쯤 자크 로게 IOC위원장이 단상에 올라 IOC위원 전원이 착석한 가운데 직접 발표하였다, IOC위원들의 투표는 7월6일 밤 IOC총회장에서 약 15분 동안(오후10시 35분~10시50분) 전자비밀투표로 진행되었다. 참석 IOC위원 95명의 투표가 진행되고 나서 우선 1차 투표결과를 집계하였다. 1차 투표 집계결과 과반수를 획득한 후보도시가 없을 경우 최소투표만 얻은 후보도시가 먼저 탈락하게 되었다. 이 경우 탈락한 후보도시 국가 출신 IOC위원 2명(3국 공히 2명씩의 IOC위원 보유)이 2차 투표에 투입될 것이었다. 2명이 많아진 상태

---

07 이런 이유 때문에 필자는 "성공하려면 반드시 힘을 합치고 지혜를 모아야 할 것."이라는 견해를 밝혀 두었다.

에서 1, 2위 득표 후보도시들을 놓고 다시 2차 겸 최종투표를 하게 되어 있었다. 투표에 앞서 현지시간 오전(한국시간 저녁) 세 후보도시들의 최종 프레젠테이션이 예정되어 있었다.

> 뮌헨: 한국시간 15:45~16:55(70분간)/프레젠테이션 및 질의응답
> 안시: 한국시간 17:25~18:25(70분간)/프레젠테이션 및 질의응답
> 평창: 한국시간 19:05~20:15(70분간)/프레젠테이션 및 질의응답

각 후보도시들은 프레젠테이션이 끝나면 곧바로 후보도시 별로 별도의 외신 기자회견이 예정되었다. 평창이 개최도시로 확정되면 한국시간으로 이튿날(7월7일) 오전1시부터 45분까지 IOC위원들이 모두 참석한 가운데 IOC가 준비한 개최도시 협약서(HCC: Host City Contract)에 서명하고 곧이어 외신기자 회견을 통해 대한민국 평창이 2018년 동계올림픽개최도시임을 세계만방에 알리게 되어 있었다. KBS와 SBS가 더반 발표식 장면을 생중계하였다. 필자는 KBS 해설자로 중계방송에 참여하였다. 평창이 '승리의 교향곡'을 대한민국 국민 모두에게 선사할 것이라고 확신했다. 조양호 유치위원장과 이건희 IOC위원, 박용성 대한체육회장, 김진선 동계올림픽유치 특임대사, 최문순 강원도지사, 정병국 문화체육관광부 장관 등 유치 리더들이 마지막 순간까지 어떻게 움직이느냐가 평창의 운명을 가름할 것으로 보았다. 대기업 총수인 조양호 위원장은 기업경영보다 평창 동계올림픽 유치를 우선으로 삼고 있었다. 유치 활동을 총지휘

하는 것은 물론 프리젠터(Presenter)로서의 개인 역량을 한층 높이는 데까지 시간을 들이고 있어 생활의 대부분을 평창 동계올림픽 유치에 할애하고 있다고 해도 과언이 아닐 정도였다. 당시 이건희 IOC위원은 동료 IOC위원들을 편하게 만날 수 있는 권한을 무기로 평창의 강점을 홍보하는 역할을 도맡았다. 특히 IOC가 1999년 올림픽유치문제를 둘러싸고 불거진 '솔트 레이크 시티 뇌물 스캔들' 이후 후보도시와 IOC위원의 개별접촉을 엄격히 금지해온 터라 이 위원의 활동영역은 평창 동계올림픽 유치의 바로미터가 되고 있었다. 10여 년 동안 평창의 꿈을 실현하기 위해 스포츠외교 무대를 누벼온 김진선 특임대사의 활약도 눈여겨볼 만했다. 오랜 시간 IOC위원은 물론 국제스포츠 계 인사들과 관계를 맺어온 그가 얼마나 많은 인사들과 접촉하느냐도 유치의 주요 변수였다. 취임한지 얼마 되지 않았지만 개최지역 수장으로서 전 세계에 성공적인 대회개최를 약속하고 있는 최문순 강원도지사의 위상과 역할도 어느 때보다 중요했다. 이미 로잔 브리핑에서 특유의 겸손함과 진정성으로 많은 IOC위원들을 접하면서 좋은 이미지를 심어준 만큼 더반 IOC 총회에서의 활약도 기대되었다. 당시 정부의 주무장관으로서 역대 어느 정부보다 강력한 유치지원 및 성공대회보증을 천명하고 있는 정병국 장관의 활동도 관심거리였다. 그는 취임과 동시에 현지 실사를 비롯한 각종 국제행사에 참석해 대한민국 정부의 강력한 보증을 수도 없이 거듭했다.

평창 승리 초읽기 현장스케치

드디어 그날 밤 자정이 조금 지나고 자크 로게 IOC위원장이 투표결과로 결정된 2018년 동계올림픽 개최지를 발표하였다. 전날 밤에는 제123차 IOC총회 전야제 격인 화려한 총회 개막식이 거행되었다. 더반 IOC총회의 핵심행사인 2018년 동계올림픽개최도시선정을 앞두고 개막식에서 후보도시들에 대한 예우로 이들 세 국가의 국기가 선보였다. 세 후보도시를 대표하여 국가수반들과 각국 올림픽의 전설들이 남아공 더반에 무대를 설치하였다. IOC총회 개막식 후 축하 리셉션이 있었는데, 이는 유치 후보도시들로서는 마지막 공식 로비 찬스였다. 한국시간 7월6일 오후부터 세 후보도시들의 마지막 프레젠테이션, 구닐라 린드버그(Gunilla Lindberg) 스웨덴 IOC평가위원장의 결과보고에 이어 곧바로 투표에 들어갔다. IOC위원 110명 중 후보도시 세 곳이 속한 3개국(한국 2, 독일 2, 프랑스 2) 6명의 IOC위원은 1차 투표에서 투표권이 주어지지 않았다. IOC에 공식 불참통보를 한 6명의 IOC위원들도 투표에서 제외되었다. IOC위원장 역시 동수일 경우에만 결정투표권을[08] 행사하므로 일단 투표권이 없었다. 따라서 110명 중 1차 투표에 참가하는 IOC위원은 모두 95명(110-6-6-2-1=95)이었다. 이 경우 1차 투표 과반수는 48표였다. 그러나 추가로 불참하거나 기권자가 생길 경우 과반수는 이보다 더 감소할 수도 있었다. 만일 2차 투표까지 갈 경우 1차 투표에서는 투표권이 주어지지 않았던 탈락한

---

08   Casting Vote

후보도시 소속국가 IOC위원 2명에게도 투표권이 주어지므로 투표참가 총원은 97명이 될 것이었다. 따라서 2차 투표에서 과반수는 49표가 되었다. 1차 투표 불참 IOC위원 15명은 다음과 같다.

투표불참통보 6명 IOC위원 명단	• 프린스 나와프 파이잘 파드 압둘아지즈(Prince Nawaf Faisal • Fahd Abdulaziz, 사우디 IOC위원, 아시아) • 알파 이브라힘 디알로(Alpha Ibrahim Diallo, 기네 IOC위원, 아 프리카) • 제임스 이스턴(James Easton, 미국 IOC위원, 북미) • 주앙 아베랑헤(Joao Havelange, 브라질 IOC종신위원, 남미) • 무니르 사벳(Munir Sabet, 이집트 IOC위원, 아프리카) • 란디르 싱(Randhir Singh, 인도 IOC위원, 아시아)
후보도시 소속 국가 6명 IOC위원 명단	• 이건희 IOC위원(한국) • 문대성 IOC위원(한국) • 토마스 바흐(Thomas Bach IOC 부위원장, 독일) • 클로디아 보켈(Claudia Bokel IOC위원, 독일) • 쟝 클로드 킬리(Jean Claude Killy IOC위원, 프랑스) • 기 드뤼(Guy Drut IOC위원, 프랑스)
투표불참선언 2명 IOC위원 명단	• 드니스 오스왈드(Denis Oswald IOC집행위원, 스위스) • 프린세스 로얄(The Princess Royal IOC위원, 앤Anne 공주, 영국)
동수일 때 캐스팅 보트 (Casting Vote)만 행사하여 투표에 불참하는 IOC위원 1명	• 자크 로게(Jacques Rogge, IOC위원장, 벨기에)

통상적으로 보면 투표권이 있는 IOC위원들의 1/3 정도는 IOC총회 현장에서 최종투표방향을 결정한다고 한다. 이들은 첫째 현장분위기와 흐름, 둘째 막판 설득과 로비, 셋째 최종 프레젠테이션에서의 감동 등 세 가지 요인에 영향을 받아 투표한다는 것이다. 가장 약체로 간주되는 프랑

스 안시의 유치지원 차 더반에서 활약하고 있었던 샹탈 주아노(Chantal Jouanno) 프랑스체육장관은 이미 30~40명의 IOC위원들로부터 긍정적인 호응을 받았으며 투표 전날인 7월5일 추가로 15명의 IOC위원들과 면담을 가졌다고 알려졌다. 그녀는 안시의 승리를 낙관하면서 "낙관하는 이유는 IOC위원들로부터 받은 인상이다."라며 끝까지 최선을 다한다는 자세였다. "그전에도 만났던 여러 명의 IOC위원들과 접촉했는데 정말 좋은 느낌을 받았다. 그들로부터 이전의 태도와 오늘 더반 현장에서의 지지성향에 변화를 감지할 수 있었다."고도 했다. 주아노 장관은 IOC위원들에 대한 막판 로비와 프레젠테이션이야말로 안시에는 결정적이라고 시사했다. "로비가 정말 중요하다. 오늘 15명 이상의 IOC위원들을 만날 예정이다. 프레젠테이션은 차이를 만들 수 있는 순간이다."라고 하였다. 유치 전 마지막 날인 7월5일 평창은 기자회견이 없었다. 다만 조양호 유치위원장이 한 외신기자에게 "평창 팀의 업무에 자신감이 생긴다."고 느긋하게 말했다. 한편 밴쿠버 동계올림픽 피겨 금메달리스트 김연아는 7월5일 아침 더반시내 소재 아이스링크에서 수십 명의 남아공 청소년들과 스케이팅을 하였다. 60명에 달하는 한국 취재기자들이 더반으로 왔는데, 그들 거의 모두가 김연아의 스케이팅장면을 취재하기 위해 아이스링크에 모였다. 현지 언론에 공개한 이명박 대통령과 함께 그날 저녁 평창 프레젠테이션에 참가한 대표 명단은 다음과 같다.

조양호 유치위원장, 박용성 KOC 위원장, 김연아 평창유치홍보대사, 나승연 유치위원회 대변인, 김진선 전 강원도지사 겸 특임대사, 문대성 IOC위원, 토비 도슨 미국 입양아 출신 동계올림픽 동메달리스트(토리노 2006)

프레젠테이션에서 연설은 하지 않았지만 동석한 대표 명단: 이건희 IOC위원, 정병국 문화체육관광부 장관, 최문순 강원도지사, 윤석영 한국장애인올림픽위원회 위원장

| 평창2018 프레젠테이션 팀 지원대표단 명단

모태범 선수, 이승훈 선수, 이상화 선수, 최민경 선수, 김소희 선수, 김학성, 김성환 외교통상부장관, 강영중 IBF회장, 김나미 IBU부회장, 장명희 ISU 명예위원, 장향숙 IPC집행위원, 김영철 WCF집행위원, 유경선 OCA집행위원, 박갑철 대한아이스하키협회 회장, 정재호 대한루지연맹 회장, 대한민국 국회의원 5명 (전재희 국회문화체육관광방송 위원장, 권성동 강릉 지역구 국회의원, 최종원 평창 지역구 국회의원, 김재윤 국회문방위원, 조윤선 국회문방위원), 오지철 유치위원회 부위원장, 이석래 평창군수, 최명희 강릉시장, 최승준 정선군수

| 2011년 7월 6일 프로그램

- 08:45~08:45 IOC총회장/Session Hall, ICC
  IOC위원장 개회사 및 제123차 IOC총회 개막, 2018년 동계올림픽유치후보도시 프레젠테이션
- 08:45~09:55 IOC총회장/Session Hall, ICC
  뮌헨 프레젠테이션 및 질의응답
- 09:55~10:25

휴식

- 10:10 미디어 브리핑 룸/Media Briefing Room, ICC
  뮌헨후보도시 외신기자회견

- 10:25~11:25 IOC총회장/Session Hall, ICC
  안시 프레젠테이션 및 질의응답

- 11:35~12:05
  휴식

- 11:50 미디어 브리핑 룸/Media Briefing Room, ICC
  안시 후보도시 외신기자회견

- 12:05~13:15 IOC총회장/Session Hall, ICC
  평창 프레젠테이션 및 질의응답

- 13:15~14:45
  중식

- 13:30 미디어 브리핑 룸/Media Briefing Room, ICC
  평창 후보도시 외신기자회견

- 14:45~15:15 IOC총회장/Session Hall, ICC
  IOC평가위원회 결과 보고

- 15:20~15:35 IOC총회장/Session Hall, ICC
  전자투표 테스트

- 15:35~15:50(한국시간 22:35-22:50) IOC총회장/Session Hall, ICC
  2018년 제23회 동계올림픽 개최도시 투표 및 선정

- 17:00~17:30(한국시간 00:00~7월7일 00:30) IOC발표장/Announcement Hall, ICC
  2018년 동계올림픽 개최도시 발표

- 18:00~18:45 미디어 브리핑 룸/Media Briefing Room, IOC
  동계올림픽개최도시 협약서 서명식 및 IOC와 개최도시 공동 외신 기자회견
- 19:00 / ICC
  2018년 동계올림픽개최도시 선정 기념 IOC위원장 주최 리셉션

1차 투표에서 끝내기 위한 6가지 예상 시나리오

7월6일 자정(한국시간) 평창의 3수도전 결과가 우리 모두로 하여금 손에 땀을 쥐게 하고 있었다. 뮌헨, 안시, 평창 순으로 제123차 더반 IOC총회 첫날 현지시간 오전 중 최종 프레젠테이션이 끝나고 질의응답까지 마치고 나면 운명의 시간이 다가온다. 투표권자들인 100명의 IOC위원들 중 실제로 투표에 참가할 것으로 예상되는 인원은 95~96명. 이 중 평창을 지지하는 IOC위원은 얼마나 될 것인가? 1차 투표에서 과반수를 획득하지 못하면 2차 겸 최종투표로 곧바로 이어지게 된다. 그렇다면 과연 평창은 1차 투표에서 승리를 거머쥘 수 있을까? 이 궁금증을 안은 채 가능한 6가지 예상시나리오를 엮어보았다.

1) 첫 번째 시나리오

1차 투표에서 평창의 승리. 평창이 가장 원했고 바람직한 시나리오로 평창이 1차 투표에서 과반수 득표로 승리하는 시나리오였다. 평창(30표), 뮌헨(30표), 안시(20표), 부동표 (20표)로 2파전 백중세의 득표예상 전망이었다. 물론 오차도 있다고 예상하고 범위는 5표 이내로 보았다. 이 경우 평창의 ①대의명분 ②올

림픽운동의 전 세계 확산실현 ③막강한 정부지원 ④90%를 상회하는 최고의 국민적 지지 ⑤3수 평창에 대한 IOC위원들의 공감대 ⑥IOC와의 약속에 대한 충실한 이행 ⑦평창유치위원회의 효과적인 유치활동과 적절한 득표 로비활동 ⑧이건희 IOC위원 겸 삼성그룹 회장의 영향력과 득표활동 ⑨문대성 IOC위원의 선수출신 IOC위원 공략 등 9가지 요소들이 완벽하게 조화를 이룬다면 부동표 20표를 흡수하여 50표 이상으로 단박에 승리할 수 있는 가능한 시나리오였다.

2) 두 번째 시나리오

평창 50%, 뮌헨 50% 승률(1차 투표에서 안시 탈락 시). 2010년 및 2014년 유치전에서 1차 투표에서는 이기고 2차 투표에서 맥없이 역전패했던 악몽을 되풀이할 수는 없었다. 더반에서는 1차 투표에서 약체로 지목받고 있는 안시가 탈락하고 2차 투표에서 투표권을 되돌려 받게 될 프랑스 IOC위원 2명을 포함한 안시 지지표가 모두 평창 지지로 돌아선다면2차 투표에서 평창이 뮌헨을 누르고 최종승리자가 될 수 있었다. 이 경우도 30+20=50표 정도가 될 것으로 봤다. 그러나 유럽 IOC위원들이 토마스 바흐 IOC부위원장 겸 차기 위원장 유력후보를 의식해 뮌헨 쪽으로 기운다면 평창은 세 번 연속 2차전에서 역전패하는 불운을 겪을 위험이 있었다.

3) 세 번째 시나리오

안시 승률 50%이상(1차 투표에서 뮌헨 또는 평창 탈락 시). 약자가 흔히 구사하는 수법이다. 상대적으로 볼 때 약체후보도시인 안시는 가능한 많은 수의 IOC위원들에게 접근하여 체면상 1차 투표에서라도 안시에 지지표를 던져 달라는 식으로 읍소할 수 있었다. IOC 창설국이자 근대올림픽 부활의 아버지 쿠베르탱의 나라 프랑스의 대표 후보도시이고 과거 프랑스의 아프리카 식민지국가들과 프랑스어권 국가들 출신 IOC위원들의 동정표도 작용할 수 있었다. 이러한 변수가 모두 작동하여 효과를 발휘할 경우 의외로 많은 표가 안시에 몰리게 된다. 심지어 안시가 1차 투표에서 최종 승리자가 될 수도 있고 2차 투표까지 진출할 수도 있었다. 1차 투표에서 안시가 약진하여 2차 결선 투표로 진출할 경우 평창 또는 뮌헨이 의외의 희생자가 될 수도 있었던 것이다.

4) 네 번째 시나리오

평창 50%, 안시 50% 승률(1차 투표에서 뮌헨 탈락 시). 뮌헨이 1차 투표에서 탈락한다면 2차 투표에서2022년 동계올림픽유치를 염두에 두고 있는 유럽 후보도시들 쪽 IOC위원들, 예를 들면 5명의 스위스 IOC위원들과 2명의 우크라이나 IOC위원들 최대 7명 정도가 같은 유럽도시인 안시보다는 평창지로 돌아설 수 있었다. 그렇게 되면 평창이 2차전에서 최종승리자가 될 수 있었다. 그러나 내심 파리의 2020올림픽유치를 미연에 저지하고 싶은 로마2020 관련 4명의 이탈리아 IOC위원들은 안시 쪽에 표를 던질 가능성도 보였다. 또한 유럽선호 IOC위원들 역시 안시를 지지할 경우 의외로 안시가 승리자가 될 가능성도 배제할 수 없었다.

5) 다섯 번째 시나리오

뮌헨 49%, 안시 51% (1차 투표에서 평창 탈락 시). 가정하기도 싫은 시나리오였지만 평창이 1차 투표에서 불의의 일격을 받아 간발의 차이로 꼴찌 탈락한다면 평창지지성향 IOC위원들이 뮌헨보다는 안시 쪽으로 기울 공산이 크며, 이 경우 안시가 뮌헨을 누르고 최종승리자가 될 수도 있었다.

6) 여섯 번째 시나리오

1차 투표에서 뮌헨의 승리. 스포츠외교력에서 단연 선두주자인 뮌헨이 1차 투표에서 과반수를 차지하여 승리하게 되는 시나리오였다. 이 경우 한국스포츠외교는 치명적인 타격을 입을 수밖에 없었다. 2010년 및 2014년 평창유치결과는 1차전에서 앞서다가 2차전에서 간발의 차이로 석패하긴 했으나 정치적 요인 등에 의한 패배여서 나름 의미가 있었으며 재도전의 명분이 되기도 하였다. 그러나 이번에도 1차전에서, 즉 꼴찌로 1차 탈락한다면 2016년 올림픽유치후보 도시였던 미국 시카고의 전철을 밟게 되는 것이다. 시카고의 경우도 미국 오바마 대통령부부가 IOC총회 투표현장으로 날아와 프레젠테이션에서 연설까지 한 터여서 그 충격은 실로 엄청났다. 이러한 경우는 생겨서도 안 되지만, 만일 그런 불상사가 발생한다면 한국 스포츠 계는 경천동지하는 충격의 도가니에 빠지게 될 것이 명약관화했다. 그런 사태가 발생하지 않도록 더반 현장에서 교만하지 않고 진중하게 행동하면서 부정적 이미지 요인을 최소화하고, 끝까지 표심을 잡기 위한 노력의 끈을 놓지 않아야 했다.

평창의 프레젠테이션 내용

지구촌 저 너머 남아프리카공화국 더반에서 승전보를 전해준 평창 유치대표단의 IOC총회 최종 프레젠테이션 내용에는 그 무언가가 있었다. 더반 대첩의 숨결이 느껴지는 프레젠테이션 내용을 소개한다.

【PT 개요】
- 기간·장소: 2011. 7. 6 ~ 7. 9(4일간), 남아공 더반(국제컨벤션센터)

  ※ 후보도시(평창) PT: 7.6(수), 12:05~13:15(현지 시간)
- PT시간: 45분(질의응답 15분)
- 프리젠터 : 8명

  ※ 배석: 강원도지사, 문화관광체육부장관, KOC위원장, 이건희 IOC위원

- PT 순서: 1) 나승연 대변인 2) 조양호 위원장 3) VIP 4) 김진선 특임대사
5) 김연아 선수 6) 문대성 IOC위원 7) 박용성 KOC위원장 8) 토비 도슨

【PT 흐름】

- PT 1 (4′10″) 소개, 새로운 지평/New Horizons의 메시지 '희망'
- PT 2 (3′15″) •조양호 위원장 단결된 팀, 믿어야 하는 5가지 이유
- VIP•PT 3 (3′00″) 정부 보증 및 지원
- PT 4 (3′00″) •김진선 특임대사 약속 이행
- PT 5 (3′00″) •김연아 선수 성과를 부른 희망, 인류 유산
- 영상 2 (4′00″) 테크니컬 계획
- PT 6 (3′00″) •문대성 IOC위원 모두를 위한 대회
- PT 7 (3′00″) 영상 3 (2′00″)
- 박용성 KOC위원장 레거시 및 국민지지, Drive the Dream Best of Both Worlds 영상 소개
- 영상 1 (2′30″) 한국의 동계스포츠에 대한 열정 •나승연 대변인
- PT 8 (4′30″) •토비 도슨 (타국에서 더 이상 훈련할 필요가 없는 'New Horizons')
- PT 9 (4′45″) •나승연 대변인 (마무리)
- 영상 4 (3′00″) 새로운 지평 포트레이트/New Horizons Portrait
  ※ 영상 후 위원장 맺음말

【더반 IOC총회 PT 구성 및 내용】

구분	구성	발표자	시간	내용
Film1	영웅들	Heroes	- 2'30"	동계스포츠에 대한 열정. 한국 동계 스포츠선수들의 발전과 성과
PT1	소개와 새로운 지평 'New Horizons'의 메시지 '희망'	나승연 대변인	4'10"	간략한 인사. 커뮤니케이션 디렉터임을 소개. 팀 소개. 인내와 끈기는 우리 유치위원회의 핵심. 새로운 지평(New Horizons)을 '희망'이란 주제로 자리매김. 위원장 소개.
PT2	단결된 팀, 하나의 목적과 믿어야 하는 5가지 이유.	위원장	3'15"	뮌헨, 안시 캠페인에 대한 감사와 축하. 유치위원회, KOC, 정부의 통합된 리더십. 우리의 비전은 명확하고 특별함. 평창을 믿어야 하는 5가지 이유 - 가장 콤팩트하고 효율적인 베뉴(venue) 플랜 - 전폭적인 정부의 보증 및 지원 - 국민지지 - 약속 이행 - IOC의 Good Partner. 대통령 소개.
PT3	정부 보증 및 지원	VIP	3'00"	IOC에 대한 칭찬 - 올림픽은 하나의 국가를 발전시키는 힘이 있음. 개인적으로 FINA를 통해 스포츠와 관련 있음을 강조. 평창의 동계올림픽유치는 국가의 최우선.
PT4	약속 이행	김진선 특임대사	3'00"	개인 소개. 두 번의 실패에도 포기하지 않고 재도전. 이행된 약속들 - 알펜시아 리조트 완공(14억 달러 투자) - 고속철도, 드림프로그램 올림픽 개최를 위한 변하지 않은 우리의 열정. 김연아 선수 소개.
PT5	성과를 부른 희망, 인적 유산	김연아	3'00"	스포츠의 개인적 의미(역사를 새로 쓰는 것). 개인적 관점에서의 스포츠와 피겨스케이팅 Drive the Dream의 중요성(본인이 산 증인). 평창2018이 전 세계에 의미하는 것. 희망이란 성공과 성취의 가능성을 뜻함. 테크니컬 필름 소개

구분	구성	발표자	시간	내용
Film2	테크니컬 계획		- 4'00"	콤팩트하고 효율적인 플랜. 2개의 클러스터(cluster), 2개의 선수촌 축하공원(올림픽 타운) - 라이브 사이트와 메달플라자 IOC호텔 MMC
PT6	모두를 위한 대회 (Games for All)	문대성 IOC위원	3'00"	선수들의 이동시간 단축에 집중. 핵심의 차별화(과제완수). 이동시간 단축 - 풍부한 경험. 선수들을 위한 선수촌. 패럴림픽 플랜 KOC위원장 소개.
PT7 Film3	레기시 및 국민지지, 드라이브 더 드림, 베스트 어브 보스 월드(Drive the Dream, Best of Both Worlds)	KOC 위원장	1'30" 2'00" 1'30"	로잔에서의 개인적 소감. 국민지지. 평창에서는 모두를 위한 것이 제공. Best of Both Worlds 영상 소개(2:00) Drive the Dream 추진. 토비 도슨 소개.
PT8	새로운 지평 ('New Horizons'의 뜻은 더 이상 동계 선수들이 타국에서 연습할 필요가 없다는 의미)		4'30"	한국 태생이지만 미국 올림피언 어릴 적 한국에서 올림피언이 될 기회가 없었음. 한국과 아시아의 어린이들은 그가 미국에서 가졌던 기회를 똑같이 가져야 함. 평창2018이 제시하는 새로운 지평/New Horizons은 어린이들에게 한국에서 훈련할 수 있는 기회를 제공. 그의 열정을 '희망'과 연결. IOC위원들에게 감사. 인사 나승연 대변인 소개.
PT9 마무리		나승연 대변인	4'45"	토비 도슨에게 감사. New Horizons과 토비 도슨의 성공담 연결. 뿌리와 새싹 비교. 유럽에서는 4번, 아시아는 2번 개최 삿포로1976과 나가노1998을 언급함으로써 아시아개최의 필요성, 평창이 해야 할 역할 소개. 새로운 지평/New Horizons은 성취하고 성공한다는 희망과 관련된 이야기. 올림픽 무브먼트는 희망이며 꿈을 이루는 것. 감사 및 마지막 필름 소개.

구분	구성	발표자	시간	내용
Film4	새로운 지평 포트레이트/New Horizons Portrait		3'00"	로잔보다 더 넓고 깊은 버전의 포트레이트/ 'Portrait' ※ 영상 상영 후 모두 단상 앞에 집결 ※ 조양호 위원장 "로게 위원장님, 이것으로 우리의 발표를 마치겠습니다."

평창, 2018동계올림픽 조직은 어떻게?

3수도전 평창이 드디어 한을 풀었다. 대한민국 국민 모두의 승리였다. 그러나 바로 그 순간부터 승리에만 도취해 있지 말고 평창 동계올림픽을 통해 취할 국익과 IOC 및 국제 마케팅으로부터 얻어낼 수익, 그리고 스포츠외교 제2의 도약을 성취할 스포츠외교 청사진을 신중하고 그러나 신속하게 그리고 알차게 그려 나가야 했다. 평창2018은 동계올림픽 개최도시로서 협약서 상에 명기되고 서명한 제반 의무사항과 공약사항 등도 훌륭히 이행하여야 했다. 이 협약서는 국제법에 의거 작성되고 합의되어 국제적 구속력이 있다. 이 협약서는 대한민국 정부와 개최도시 평창, 그리고 동계올림픽조직위원회(OCOG)및 개최국 올림픽위원회인 KOC가 공동으로 그리고 따로따로 각기 해당되는 제반 공약과 보증, 의무사항 및 광범위하게 합의되고 협의된 모든 부문에 대한 법적 준수의무사항들이 명시되어 있다. 올림픽와 올림픽과 관련된 일체의 독점적 권리소유주체는 IOC이다. IOC는 당시 평창과 KOC에 동계올림픽 준비에 따른 계획, 조직, 재정 및 개최권한을 위임하였다. 평창과 KOC는 이 협약서 체결 후 5개월 이내에 법인 자격의 OCOG를 구성하도록 되어있었다. 이 경우 평창과 KOC는 조직위원회의 구조와 조직에 대한 일체사항을 IOC와 긴밀히 협의해야 했고 서면으로 사전에 동의를 받도록 되어 있는 일종의 종속적 관계를 가진 문서였다. 따라서 1988년 서울올림픽조직위원회를 구성할 때와는 상황이 달랐던 것이다. 정부로서도 조직위원회 수뇌부를 임명할 때 과거처럼 임명절차에 있어 일방적으로 지명하기 어렵게 되어 있었다. 최근 십 수 년 넘게 동·하계올림픽개최도시 선정 후 조직위원장 및 사무총장의 구성 행태를 보면 한 건도 예외 없이 해당 올림픽유치위원회의 위원장 및 사무총장이 그대로 그 직위를 승계하여 온 것이 주지의 사실이었다. IOC로서는 유치과정에서부터 호흡을 맞추어 왔고 올림픽 조직과 운영에 대하여 유치와 연계하여 업무를 진행하는데 합리적이고 효율적이라는 판단과 발상에서이다. 물론 이 과정에서 납득할만한 사유와 합리적인 배경이 뒷받침되어 합의될 경우 예외가 있을 수는 있겠지만 현실적으로는 실현되기 어려울 전망이 주도적이었다. 그러므로 정치적 또는 그밖에 별도의 배경으로 조직위원회 수뇌부를 IOC의견에 반하여 구성하면 처음부터 IOC와 불협화음을 일으켜 불이익을 야기할 수도 있으므로 신중하게, 그리고 합리적인 국제적 시각에 기초하여 실행에 옮겨야 했다. 가장 효율적이고 국제경쟁력 있는 조직위원회 구성을 위하여 '조직위원회구성 추진위원회'를 가동시켜야 하는 것이었다. 조직위원회 구성 추진위원회에는 분야별 전문가들을 위촉하여 보편타당하고 실리위주의 조직위원회를 운영하도록 박차를 가하도록 하는 것이 바람직하기 때문이었다. 올림픽조직업무는 거대한 범국가적·국제적·다국적·종합 글로벌 프로젝트로서 각 분야별 전문가들이 포진되어 계획·기획·조직· 재정·운영·국제관계 등 다양한 분야에서 최고의 업무효율을 기해야 하는 최고 부가가치를 가진 국가 단위의 최첨단 글로벌 비즈니스이다. 수조 원의 마케팅 수입과 1조 원에 육박하는 TV방영권 등 '지구촌에서 황금 알을 낳는 거위'로 비유되고 있는 올림픽 개최가 의전성, 행사성, 일회성, 선심성, 정치성, 그리고 나눠 먹기식으로 진행될 경우 흑자는커녕 만성적자와 국제적 망신을 초래할 위험도 있다. 올림픽 조직에서 무엇보다 중요한 것은 다음과 같은 국제관계이다.

▶IOC 및 다국적기업과의 올림픽마케팅 ▶대회의전▶각국참가선수단과의 교신 및 소통 ▶국내 및 해외 홍보 및 해외 전담 PR Firm 선정문제 ▶국제회의 시 준비상황진행보고 ▶올림픽선수촌 ▶경기장 국제공인 ▶미디어관계 ▶올림픽성화봉송 ▶개폐회식시나리오 ▶국제적 지적재산권 문제 ▶국제법 ▶재정적 상업적 준수사항 국제적 처리문제▶수익금배분문제 ▶입장권국제판매 ▶올림픽 심벌 등 법적 보호문제 ▶국제적 문화행사 ▶국제방송관련 제반 처리 사항 ▶인터넷 및 휴대통신기기 관련 사항 ▶국내외보험 ▶불법 내기(도박)문제 ▶도핑관련 이슈처리 ▶국제 숙박관련 문제 ▶IT기술 표준화 문제 ▶출입국, 관세 등 세금문제 ▶국제적 안전조치 문제 ▶조직위원회와 올림픽 패밀리와의 국제적 분쟁해결문제 ▶IOC조정위원회대책문제

올림픽유치 확정 후 7년간 처리해야 할 사안, 이슈, 과제는 산더미 같았다. 우선 경기장 및 필요 인프라의 계획·디자인·건설·국제공인·운영·예산 확보 등을 일사불란하게 책임지고 담당할 전문화된 올림픽시설 관리운영 조직체 설치 및 운영계획이 시급한 과제였다. 조직위원회가 구성되면 IOC가 제일 먼저 파견하는 점검대표단이 IOC조정위원회이다. IOC조정위원회는 IOC를 대표하여 OCOG와 전반적이고 세부직 차원에서 대회 조직·운영·관리·마케팅 및 수익금 배분문제, 각국 참가선수단에 대한 방침, 경기장 건설·배치·운영에 대한 지침, PR, 올림픽선수촌, 도핑, 전반적인 국제관계 등 올림픽의 성공적 개최를 위해 협의한다. 따라서 OCOG 산하에 IOC조정위원회 대표단을 맞이하여 유효적절하게 대처할 수 있는 최정예 태스크 포스(TF)를 구성하는 일이 급선무였다. 동시에 올림픽교육프로그램, 조직위원회요원들 및 자원봉사자들에 대한 철저한 외국어 교육과 올림픽지식 교육을 조기에 실시할 로드맵도 필요했다. 2018평창동계올림픽조직위원회(POCOG) 인터넷 도메인 및 로고를 국내외의 법 규정에 맞춰 등록하는 일도 급선무였다. 나아가 올림픽관련 제반 지식과 현장경험이 출중한 인사들을 조기에 영입하여 모든 국제적 이슈 등에 대비하면서 조직위원회를 지속적으로 반전시켜 가야 성공적 개최를 보장할 수 있었다.

IOC의Olympism 기본원칙과 스포츠정신

Ethics: 윤리규정에 맞는 깨끗하고 참신한 분위기

Fair-Play: 정정당당한 자세로 시합에 임할 것.

Honesty: 정직함이 기본이 되는 풍토

Friendship: 우정을 통한 화합정신

Health: 건전한 신체에 건전한 정신이 깃듦.

Excellence in Performance: 시합에서는 우수함과 우수성을 지향

Character and Education: 인격과 품성이 깃든 교육

Fun and Joy: 즐거움과 기쁨 지향

Teamwork: 일사불란한 협동작업

Dedication and commitment: 헌신적 봉사와 책임관철

Respect for Rules and Laws: 준법정신존중

Respect for Self and Other Participants: 자기 자신 및 다른 참가자들에 대

한 존중

Courage: 비굴함을 모르는 용기

Community and Solidarity: 공동체로서의 단결심과 단합

평창과 대한민국의 조직력은 세계 으뜸이다. 필자는 30년 이상 국제
스포츠외교무대에서 2008년 올림픽 IOC실사 평가위원 및 12개 동·하계
올림픽 한국선수단 국제선수단장 대행, 그리고 2010년 및 2014년 평창
동계올림픽유치위원회 국제사무총장 및 2018년 평창 동계올림픽유치위
원회 국제자문역으로 활동한 경험을 바탕으로 다음과 같은 새로운 개념
을 도입할 것을 제안한 바 있다.

2018년 평창동계올림픽조직위원회 내에는 기존의 부서 외에 다음과
같은 부서를 신설토록 건의하였다.

올림픽유산 전담부서

올림픽환경 전담부서

IOC조정위원회 전담부서

올림픽 신 재정창출 전담부서

올림픽 교육 및 어학 전담부서

올림픽 및 스포츠법률 전담부서

새로운 지평(New Horizons)

'새로운 지평'(New Horizons)은 평창의 2018년 동계올림픽유치를 위한 대의명분을 유효적절하게 표현해 준 슬로건이자 표어였다. 강원도 평창은 2018년 동계올림픽개최지선정 365일을 앞두고 유치결의 대회를 열었었다. 2018년 평창 동계올림픽유치위원회는 그날 평창의 유치 명분과 비전을 압축한 새 슬로건으로 '새로운 지평'을 발표했다. '새로운 지평'은 동계스포츠 발전을 위한 '새로운 무대(new stage)', '새로운 세대(new generation)', '새로운 가능성(new possibilities)'을 의미했다. 이는 아시아대륙의 젊은 세대를 통한 동계스포츠의 확산을 강조하는 말이었다. 추가로 '새로운 동계스포츠시장'(new winter sports market), '새로운 올림픽유산'(new Olympic legacy), '새로운 성장의 씨앗'(new seeds of growth), '새로운 올림픽가치'(new Olympic values), '새로운 올림픽운동의 패러다임'(new Paradigm of the Olympic Movement)의 기대치와 희망 그리고 비전을 포괄적으로 함축하고 있었다. 원래 '새로운 지평' 슬로건은 IOC와 OCA에서 이미 사용한 슬로건이다.

1999년 솔트 레이크 시티 스캔들로 그 위상이 엉망진창이 되었던 IOC는 당시 비리에 연루된 IOC위원 10명을 퇴출하고, 또 다른 10명의 IOC위원들에게는 공식 경고를 했다. 당시가 IOC로서는 절체절명의 위기였다. IOC는 위기를 극복하고자 내부쇄신을 위한 개혁안 12개항을 발표하였다. 역경을 벗어나 새롭게 출발하자는 취지의 '새로운 지평'이 IOC공식 월간지 격인 1999년도 「올림픽 리뷰(Olympic Review)」지 커버스토리의 타이틀이었다.

두 번째로 등장한 '새로운 지평'은 1990년 이라크의 쿠웨이트 무력침공과 관계가 있다. 1982년 출범해 쿠웨이트에 본부를 둔 OCA는 1990년 이라크의 무력침공으로 인해 극심한 피해를 입었다. 이때 아시아 스포츠의 최고 실력자였던 셰이크 파하드 알 아메드 알 사바(Sheikh Fahad Al-Ahmad Al-Sabah) 초대 OCA 회장 겸 쿠웨이트 IOC위원이 전사하였다. 같은 해 베이징 아시안게임 기간 중 개최된 OCA총회에서는 당시 42개 OCA회원국 중 과반수가 넘는 22개국(중동 17개국 및 주변 약소 5개국)의 표를 장악하고 있던 셰이크 아마드(Sheikh Ahmad)가[09] 죽은 아버지의 뒤를 이어 OCA회장직을 세습하려 들었다. 그러나 OCA 규정상 30세가 넘어야 OCA회장 출마 자격이 부여되므로, 당시 29세였던 셰이크 아마드는 OCA총회를 1년 연기해버렸다. 1991년에 인도 뉴델리에서 임시 OCA총회를 개최하는데, 이때 철저히 사전에 잘 짜인 각본에 의해 셰이크 아마드 쿠웨이트 NOC위원장이 제2대 OCA 회장에 선출되었다. 그 후 30년 동안 OCA회장직은 누구도 범접할

09 1961년 8월 12일생이다.

수 없는 신성불가침의 금기영역이 되어 왔다. 이라크의 무력침공으로 쿠웨이트에 있던 본부까지 강탈당한 OCA는 심기일전하여 침략의 상처를 씻어내고 도약하기 위해 OCA위상 구축에 나섰다. 그 첫 번째 작업이 OCA뉴스레터(Newsletter) 발간이었는데, 그 타이틀이 바로 '새로운 지평'이었다. 평창 유치위원회가 외국 컨설턴트사에 의뢰해 '더반 대첩'에서 승기를 잡게 해 준 슬로건도 '새로운 지평'이다. 그 해석은 각각 다를 수 있지만, 이러한 국제스포츠 계 역사를 숙지하고 있다면 평창의 야심 찬 슬로건 겸 비전인 '새로운 지평'은 1991년과 1999년 OCA와 IOC가 위기를 극복하기 위해 사용한 슬로건과 동일하다는 사실을 부인할 수 없을 것이다.

올림픽유치의 정석

올림픽유치를 성공적으로 이끌기 위하여서는 다섯 가지 큰 물줄기를 잘 다스려야 한다. 목표는 IOC위원들 표심 잡기 즉, 득표이다.

> ▸ 겉으로 드러나는 홍보 ▸ 내면적으로 치밀하게 작성된 유치파일 준비 ▸ IOC실사평가단에 대한 완벽한 대처 ▸ 투표당일 마지막 표심 몰이에 영향을 미치는 프레젠테이션 ▸ 가장 은밀하고 어려운 작업으로 IOC위원 개개인을 직접 상대하여 마음을 잡아 표를 확보하는 일

유치파일작성은 내신성적 관리 및 수능대비와 같다. IOC실사평가단의 평가보고는 여론조사이다. 투표 직전 IOC총회장에서 하는 마지막 프레젠

테이션은 막판 유세와 같다. IOC위원 개개인 접촉은 IOC윤리규정이란 테두리 안팎을 두루두루 적절하게 아우르면서 능수능란하게 표심을 가져오는 로비활동이다. 로비란 반드시 예술적 경지의 노하우가 동반되어야 소기의 목적달성이 가능한 외교활동이다. 평창이 더반에서 승리를 거둘 당시 뮌헨이 홍보 면에서 가장 앞서 나가고 있었다. BMW, 아디다스, 루프트한자, 지멘스 등 독일의 다국적기업이 유치 스폰서를 맡았고, 관련된 홍보도 군계일학 격이었다. 2010년 밴쿠버 동계올림픽 개회식 당일 루지 종목 공식연습경기 중 사고로 사망한 그루지야의 루지 선수 노다르 쿠마리타쉬빌리(Nodar Kumaritashvili)와 관련 IOC위원들은 물론 국제스포츠계, 특히 세계 언론의 주목을 끄는 행사가 이어졌다. 국제루지연맹(FIL)의 조셉 펜드트(Josept Fendt) 회장과 스베인 롬스타드(Svein Romstad) 사무총장은 사망한 쿠마리타쉬빌리의 사고경위에 대한 FIL 차원의 보고서를 IOC에 제출했다. 쿠마리타쉬빌리의 가족은 FIL로부터 1만 유로의 위로금과 밴쿠버조직위원회로부터 상당한 금액의 사망보험금도 받았다. 이 선수의 고향에는 FIL, IOC, 그루지야 정부가 함께 선수이름을 딴 루지 트랙을 건설할 예정이었다. FIL 본부가 뮌헨 동계올림픽 루지 경기장이 있는 베르히테스가덴에 소재한 관계로 뮌헨은 홍보성 반사이익도 보았을 것이었다. 노다르 쿠마리타쉬빌리의 친척들을 FIL본부로 초청하면서 베르히테스가덴이 뮌헨과 연계되어 외신으로부터 집중 조명을 받기도 하였다. 유치홍보는 아무리 강조해도 지나치지 않은 법이다.

남은 이야기

평창 3수 도전 성공 밑거름은 2010 및 2014 패배 경험

자크 로게 IOC위원장이 제1회 싱가포르 청소년올림픽 개막을 앞두고 가진 공식 외신 기자회견에서 보여준 솔직함이 인상적이었다. "우리는 필요한 만큼의 겸허함을 지니고 이 일에 착수한다. 우린 이것저것 실수도 할 것이다. 여기에서 우리가 간직해야 할 정신은 실수와 잘못된 관행에서 무언가 배우고 그로부터 개선되어 간다는 것이다." 평창은 3수도전 중이었다. 첫 번째 도전인 2010년 동계올림픽유치과정에선 세계가 평창을 몰랐다. 일부 외신 그리고 IOC위원들 다수가 평창을 '평양'으로 잘못 발음할 정도로 평창의 존재는 미미했다. 그럼에도 불구하고 선전했다. 세계적 스키 명소인 캐나다의 휘슬러가 밴쿠버 유치의 설상경기장으로, 또한 잘츠부르크의 국제적으로 검증된 스키장이 즐비한 가운데도 평창은 1차 투표에서 이들 두 경쟁후보 도시들을(평창:51, 밴쿠버:40, 잘츠부르크:16) 꺾고 격차 큰 1위를 차지하였다. 당시 2표만 더 획득(과반수 53표)했어도 1 차 투표에서 무명의 평창이 동계올림픽 개최도시로 선정되었으리라.

잘츠부르크가 1차 투표에서 탈락하고 2차 결선투표에서 2012년 하계 올림픽 유치후보도시 중 강력하다고 간주되는 미국 뉴욕을 의식한 유럽 후보도시들(런던, 파리, 마드리드, 모스크바)이 속한 IOC위원들은 2012년 올림 픽유치경쟁에서 뉴욕이 속한 북미가 불리하도록 사전 여건조성을 하기 위하여 같은 북미대륙 후보도시인 캐나다의 밴쿠버에 몰표를 안겨주었 다. 그 여파와 그 심리가 결정적으로 작용하여 56:53으로 밴쿠버가 극적 인 역전승을 했다. 런던의 영연방 세력, 파리의 프랑스 연합세력(아프리카 식민지국가를 포함한 프랑스어권), 마드리드의 스페인 세력권 그리고 러시아의 모스크바에 동조했던 IOC위원들 중 잘츠부르크를 선호했던 IOC위원 16 명이 2차 투표에서 모두 밴쿠버로 기울었다. 그러니 앞서 말했듯이 평창 이 2표만 더 확보했다면 밴쿠버에 55:54로 짜릿한 신승을 할 수도 있었 다. 아쉽고 안타까웠지만 평창은 로게 IOC위원장의 평가대로 세계스포 츠 지도에 이름을 각인했다는 성과에 만족해야 했다. 여기서 평창은 자 부심과 자긍심은 접어두고 철저히 이해득실을 따지는 냉혹한 국제 스포 츠 계의 현실로부터 교훈을 얻었어야 했다. 평창 관계자들은 2010년 유 치운동의 여세를 몰아 조금만 더 보완하면 2014년 도전에서는 이길 것 으로 믿고 자신감 충만한 심리상태에서 유치경쟁에 임했을 가능성도 있 다. 두 번째로 동계올림픽 유치에 나선 2014년까지 4년이란 세월이 흐르면서 친한파 IOC위원들 중 연령제한으로 은퇴하거나 사망한 IOC위원들로 인해 결원이 생겼다는 사실을 간과할 수 없다. 2007년 과테말라 IOC 총회 투표결과 평창 유치위원회가 열정적이고 성실한 유치활동을 다했음에도 불구하고 친한파 IOC위원들의 퇴장여파는 컸다. 4년 전인 2003년 프라하 IOC총회 1차 투표에서 획득했던 51표는 언감생심(焉敢生心)일 수밖에 없었다. 4년 후인 2007년 IOC총회 1차 투표에서 거둔 평창의 36표(소치: 34, 잘츠부르크: 25 예선탈락)는 4년 전에 비해 친한파의 계보가 그만큼 감소했음을 확인시켜 준다. 물론 막강 러시아의 소치를 1차 투표결과 36:34, 2표차 앞선 것도 따지고 보면 평창의 선전이라고 볼 수 있다. 또다시 2차 결선투표에서 평창은 소치에게 51:47, 4표차로 무릎을 꿇었다. 3표만 사전에 더 확보했더라면 50:48, 2표차로 소치를 꺾고 대한민국의 평창이 2014년 동계올림픽 개최도시가 되었을 텐데…….

 2014년 동계올림픽 유치과정에서 평창이 간과한 점은 새로 선임되는 IOC위원들에 대한 유효적절한 사전공략이었다. 이는 한국의 스포츠외교력과 직결된 최대 취약점이었다. 새로 선출된 IOC위원들과 지속적으로 친분을 강화하고 친한파로 만들 역량이 검증된 한국스포츠외교의 간판 베테랑 스포츠외교관들을 최대한 발탁하여 전진 배치했어야 했다. 한국 스포츠외교의 취약점은 사람을 키우지 않는 것이다. 있는 사람도 밀쳐내기 바쁘다. 사람은 누구나 장단점이 있다. 장점은 등한시하고, 단점만 보고 끌어내리고 도태시킨다면 그나마 얼마 안 되는 스포츠외교인력 중 누가 국제스포츠 계에서 국익을 위해 헌신할 수 있을 것인가? 언제 단기간

내에 새로운 인재들을 발탁하여 키워서 국제적으로 인정받게 하여 전면에서 활동케 할 건가? 새로운 사람을 키워서 국제적으로 인정받게 하고 활용하려면 장구한 세월이 요구된다. 유럽의 한 영향력 있는 국제스포츠계 인사는 평창의 3수 도전과 관련, 우리의 실정을 꿰뚫은 듯한 충고를 하였다. "평창은 경기장, 인프라, 유치파일, 인지도, 정부지원, 국민지지도, 조직능력, 국제신인도 등 모든 면에서 항상 우수하다. 늘 최상위 등급의 조건과 여건을 구비하고 있다. 그러나 국제관계 면에서 특히 인재 활용 면에서는 문제가 심각하다. 어떤 한 사람에 대하여 경험과 능력 그리고 국제적 인지도 등을 고려하여 혹자가 천거하고 찬성하면 또 다른 국내 인사는 이를 인정치 않고 강력하게 반대한다. 한국의 경우 의견 일치(consensus)를 만들어 내는 일이 거의 없다. 이것이 한국 스포츠외교와 평창유치과정에 있어서 가장 치명적이고 잘못된 관행이며 취약점이다."

비근한 예를 들어보자. 4년마다 개최되는 월드베이스볼 클래식(World Baseball Classic)에서 8년 간 두 차례 출전하여 결승전 경기에서 두 번 다 8회말까지 이기고 있다가 실책으로 9회말에 아깝게 역전패 당했다고 생각해 보자. 비록 이들이 패했다고는 하나 경험과 국제경기 소화능력 그리고 국제 신인도 등은 아직 세계 최고 수준급으로 인정받고 있다. 세계도 이들 팀의 실력을 인정하고 두려워한다. 다시 4년 뒤 세 번째 도전에서 두 차례 역전패했으니 책임을 져야 한다고 하면서 핵심 주전 선수 대부분을 엔트리에서 제외 내지 교체했다고 가정해 보자. 이러한 국내 정치적 자체 판단에 입각하여 국제적 경기경험이 풍부하고 국제적 추세를 잘 이해하고 있으며 상대 팀들의 장단점을 잘 파악하고 있는 투수, 포수, 외야수, 내야수, 막강 타선 중 핵심 주전선수들을 거의 모두 교체 및 일신하여 세 번째 경기에 임한다면 국제경쟁력이 어떨까? 오히려 경기전략과 실책의 원인을 철저히 분석하여 새롭게 사령탑을 위임받은 감독을 중심으로 경험축적이 뛰어난 베테랑 선수들에게 이에 대한 대비 훈련을 철저히 보완케 한 후 다시 한 번 세계수준의 기량을 가다듬게 한 후 보강된 전력으로 재도전해 보는 것이 승산 높은 대책이 아닐까? 2010년 및 2014년 유치과정에서 축적된 노하우와 인맥을 사적인 호불호 관점에서 소극적으로만 활용할 경우 이는 자크 로게 IOC위원장이 언급한 두 번의 도전에서 깨달은 실수와 부족한 점을 보완하여 개선시키는 의미와 일맥상통하지 않는다. '삼세번의 매력'(a third time charm)이란 두 번의 값진 경험과 간발의 차로 실패한 교훈을 발판 삼아 성공을 위한 담금질로써 최대한 보완 및 응용하여 승화시킬 때 적용되는 말이다. 올림픽유치에 대한 지식과 경험 그리고 유치경쟁에서의 현장인맥 로비체험이 부족하거나 결여되어 있는 상태에서는 승리를 결코 장담할 수 없다는 사실은 누구도 부인할 수 없는 진리이며 진실이다.

여성과 스포츠

2008년 베이징올림픽기간 중 204개국에서 참가한 선수들의 직접투표에 의해 4명의 선수대표를 신임 IOC위원으로 선출한 바 있고, 그 중 2

명은 여성이다. 이들 2명을 포함하여 2011년 12월 당시 79개 국 112명
의 IOC위원 중 여성 IOC위원의 수는 19명으로 약 18%를 차지하였다. 또
한 IOC 집행위원 15명(위원장 1명, 부위원장 4명, 집행위원 10명) 중 여성은 나왈
엘 므타와켈(Nawal El Moutawakel·모로코)뿐이었다. 여성 IOC 명예위원은 총
27명 중 플로르 이사바-폰세카(Flor Isava-Fonseca·베네수엘라), 메리 엘리슨
글렌 헤이그(Mary Alison Glen-Haig·영국), 도나 필라르 데 보르본(Dona Pilar
de Borbon·스페인) 등 3명이다. 당시 현역 여성 IOC위원(총 19명)의 분포를 보
면 유럽이 구닐라 린드버그(Gunilla Lindberg·스웨덴), 더 프렌세스 로얄(The
Princess Royal·영국), 클로디아 보켈(Claudia Bokel·독일), 이레나 쉐빈스카(Irena
Szewinska·폴란드), 프린세스 노라 리히텐슈타인(Princess Nora of Liechtenstein·
리히텐슈타인), 마리솔 카사도(Mariso Casado·스페인) 등 6명, 아프리카가 나왈 엘
므타와켈, 라니아 엘와니(Rania Elwani·이집트), 베아트리스 알렌(Beatrice Al-
len·감비아), 리디아 엔세케라(Lydia Nsekera·브룬디) 등 4명, 아시아가 리타 수
보워(Rita Subowo·인도네시아), 프린세스 하야 빈 알-후세인(Princess Haya Bin
Al-Hussein·아랍에미리트), 양양(Yang Yang·중국) 등 3명, 미주가 아니타 데프란
츠(Anita DeFrantz·미국), 레베카 스코트(Rebecca Scott·캐나다), 유밀카 루이스
루아세스(Yumilka Ruiz Luacez·쿠바), 니콜 후베르츠(Nicole Hoevertsz·아루바),
안젤라 루지에로(Angela Ruggiero·미국) 등 5명이었으며, 오세아니아는 바
브라 켄달(Barbara Kendall·뉴질랜드) 1명이었다. 아시아에서는 어찌된 일인
지 아시아올림픽평의회는 본부 및 회장국은 쿠웨이트, 사무총장국은 인
도였다가 다시 쿠웨이트, 여성 IOC위원 2명은 아랍에미리트연방(UAE)와

인도네시아에 있고, IOC 여성과 스포츠 부분 지역 세미나는 레바논 베이루트(2005년 10월)와 터키 이스탄불(2006년 3월)에서만 개최된 바 있다. 아시아의 스포츠외교 및 여성 스포츠운동의 주도권은 모두 30년 가까이 중동(아랍)지역에서 석권하고 있는 셈이다. 경기력, 경제력, 경쟁력 등이 모두 뛰어난 아시아 대륙의 맹주 지역인 동아시아는 아직도 좌선 중인 모양이다. 2010년 중국이 자랑하는 세계여자쇼트트랙 세계 선수권자였던 양양이 선수자격 IOC위원으로 선출되어 그나마 동아시아 여성스포츠 계의 체면은 살린 셈이었다. 이제는 대한민국이 주도권을 잡고 일어서야 할 시기가 도래했다. IOC 역사상 가장 무소불위의 힘을 발휘하였던 철의 여성은 정식 IOC위원은 아니었지만 상근 IOC사무국장으로서 꽤나 오랫동안 IOC위원장보다 더 막강한 영향력을 행사하였던 프랑스 국적의 올림픽수영선수 출신인 모니크 베를리우(Monique Berlioux)였다. 그녀는 마치 영국의 대처 수상을 연상시키기도 한 올림픽운동의 한 시대를 풍미했던 여걸임에는 틀림없다. 1985년 제90차 베를린IOC총회에서 사마란치 당시 IOC위원장에 의해 축출될 때까지 그녀는 높은 봉급과 권력을 향유하며 직원 신분이지만 집행위원장 수준으로 IOC의 행정과 정책을 좌지우지해왔던, 올림픽운동사에 있어서 전무후무한 불세출의 여성스포츠권력자로서 회자된 바 있다. 그녀의 권한이 비대해 진 배경에는 제5대 에이버리 브런디지(미국, 1952~1972)와 제6대 로드 킬라닌(아일랜드, 1972~1980) IOC위원장이 잇달아 IOC본부(스위스 로잔)에 상근하지 않고 가끔 방문하는 식으로 운영해온 데에 있다고 볼 수 있다. 20년이 지나는 동안 베를리우는

IOC위원장의 고유권한을 일부 효과적으로 행사했을 뿐만 아니라 모든 업무분야와 IOC사무처직원 임명, 각종 계약 그리고 모든 결정에 관여해 왔다. IOC위원들이 IOC위원장에게 서한을 발송하면 사무국장인 베를리우부터 답신을 받았었던 것으로 알려져 있다. 경력이 별 볼일 없는 IOC위원들은 무시해 버리는 경향도 있었으며, IOC 사무국직원들을 가혹하게 관리하고 업무통제 정도가 심하여 매년 25% 이상의 직원이 교체되기도 하였다. 그녀는 직원들의 인사조차 받지 않고 무시해 버리기가 다반사였다고 한다. 주로 거의 여성 직원들로 채워졌던 당시 IOC사무국의 국장(사무총장 역할)이었던 베를리우의 처신은 마치 공립여자학교 사감과도 같은 분위기를 자아냈으며, 심지어 IOC직원들이 IOC위원들과 개인적으로 대화하지 못하도록 압력을 가했고 말년에는 전통적인 프랑스식 우월주의에 빠져 1980년 모스크바 IOC총회에서 사마란치가 IOC위원장에 선출되었을 당시 체구가 작은 스페인 위원장을 얕잡아 보았을 뿐만 아니라 IOC본부에서 상근하는 사마란치 신임 IOC위원장과 사사건건 갈등이 심해져 결국 1985년 베를린 IOC총회에 앞서 개최된 IOC집행위원회가 강행 처리할 수밖에 없었던 상황에 몰려 눈물을 흘리며 급기야 강제해고를 당하고 말았다. 한편 베를리우는 철두철미한 업무추진과 세심한 IOC본부관리 측면에서는 나름대로 원칙에 입각하여 IOC행정을 장악함으로써 실무 최고관리자로서의 장점도 보여주기도 하였다. 다만 권한이 너무 한 사람에게 집중되었고 상대방에 대한 배려와 타협심 부족이 그녀의 발목을 잡았다. IOC 최초의 흑인여성 출신 IOC위원이자 IOC최초의 부위원장을 역임하였고 2001년 모스크바 IOC총회에서는 IOC사상 최초의 여성 IOC위원장 후보였던 미국의 아니타 데프란츠(Anita DeFrantz) IOC위원 겸 IOC 여성과 스포츠분과위원장은 1976년 몬트리올올림픽 조정종목 동메달리스트 출신으로 1984년 LA올림픽조직위원회 부위원장을 역임하였고, 국제조정경기연맹(FISA) 부회장직도 역임한 바 있다. 그녀는 중국 3대 대학교(베이징, 칭화, 런민) 중 베이징올림픽 자원봉사지교육 전담대학교였던 런민(人民)대학교에서 필자와 함께 객좌교수로서 1984년 LA올림픽과 1988년 서울올림픽을 주제로 각각 공동특강을 하기도 한 동료이기도 했다. 1984년 LA올림픽 수입잉여금(2억2271만6000달러)으로 운영하는 'LA84 재단(LA84 Foundation)'이사장 직도 역임한 바 있다. 데프란츠 IOC위원의 증조부는 미국 버지니아 주에서 프랑스식 농장을 운영했던 사람의 아들이며 그의 알자스(프랑스 북동부 지방, 포도주로 유명) 혈통이 그녀의 성(姓)끝에 'tz'로 남아 흔적을 보이고 있다. 그녀의 조부(祖父)는 패트 싱글턴 운동의 지도자 가운데 한 사람이었다. 이 운동은 19세기 중반 버지니아 주의 노예를 해방시켜 캔자스시티로 이주시킨 인권운동이었다. 그 후 그녀의 조부는 인디애나폴리스로 이주하여 흑인 YMCA 전무가 되었고, 그녀의 부모는 지역빈민구제활동에 앞장서기도 하였다. 1980년 지미 카터 미국 대통령이 당시 소련의 아프가니스탄침공 때문에 미국 선수단의 모스크바올림픽 불참을 결행한 데 경악한 그녀는 법원에 정식 항의서를 제출하여 미국정부를 상대로 소송을 제기했지만 패소한 바 있다. 1980년에는 이러한 그녀를 비애국적이라고 비난했던 미국신문의 사설들이 1984

년 LA올림픽에 참가한 루마니아와 중국을 찬양한 것은 다소 어폐가 있었다. 1984년 LA 올림픽을 올림픽사상 최초의 흑자다운 흑자를 올린 올림픽으로 승화시켜 최고의 경영자조직위원장으로 일컬어졌었고 미국올림픽위원회(USOC) 위원장직을 수행한 피터 유베로스(Peter E. Ueberroth)는 "아니타 데프란츠가 미국의 1980년 모스크바올림픽 보이콧에 대해 취한 행동의 결과로 말미암아 그녀를 1984 LA올림픽조직위원회에 고용하지 말라는 USOC의 권고를 받았다. 나는 그녀가 옳았으며 올림픽운동을 매우 사랑하는 인물이라고 생각했기 때문에 즉시 그녀를 고용했다. IOC위원이 지켜야 할 행동강령에 비추어 본다면 데프란츠는 모범적인 인물이다."라고 언급한 바 있다. 여성 IOC위원인 데프란츠의 올림픽운동에서 여성지위향상에 관한 열정과 열의는 정평이 나 있다. 필자는 1984년 LA올림픽 때 그녀와 알게 된 후 국제스포츠관련회의(ANOC 총회) 등에서 패널리스트로도 함께 활동하면서 많은 이야기를 나누곤 했다. 여성과 스포츠발전에 대한 진척도에 대하여 질의 하면 언제나 한결같이 나오는 대답은 "많지도 적지도 않고 약간 더 조금씩 나아지고 있다."이다. 올림픽에서 남성 영웅은 '히어로(Hero)'라고 한다. 반면 여성 영웅은 '히로인(Heroine)'인데, 이는 마약류(Heroin)를 연상시키지 않느냐고 반문하면 그녀는 "우리 여성은 여성영웅(Shero)라고 부른다."라고 대답하고, 남성위주의 인류 '역사'를 '히스토리(History)'라고 하지만, 여성이 만드는 '역사'는 '허스토리(Herstory)'라고 강변하기도 한다. 데프란츠는 전 세계 스포츠영역에서 여성과 남성의 '기회균등부여'를 주창하고 있는 세계스포츠 계의

'여성과 스포츠'의 대모라고 할 수 있다. 그녀는 2002년 솔트 레이크 시티 동계올림픽 당시 선수자격 IOC위원에 출마하였던 '대한민국 동계올림픽의 자존심' 전이경(올림픽 4관왕: 쇼트트랙 스케이팅)이 선수대상투표에서 아깝게 탈락하자 발표 직후 현장에서 아시아권의 훌륭한 여성영웅(Shero)을 그대로 사장시킬 수는 없다며 로게 IOC위원장에게 IOC선수위원으로 적극 추천하겠노라고 사적으로 언급한 바 있었다. 물론 당시 KOC위원장 겸 IOC 부위원장이었던 김운용 회장이 앞장서서 전이경이 IOC선수위원이 되도록 결정적 추천을 하였는데, 여기에는 세계 여성스포츠의 대모인 데프란츠의 입김(여성위원 추천)도 함께 작용했으리라 믿는다.

전이경의 IOC선수위원 선출

2000년 3월6~8일 프랑스 파리에서 개최된 제2차 IOC 여성과 스포츠 세계 회의에서 채택된 결의안 내용 중에서 바람직하고 반드시 지켜주었으면 하는 대표적 항목을 발췌하여 소개한다.

IOC위원장은 1996년 IOC총회 결정사항을 준수하기 위하여 국제경기연맹들, 각국 올림픽위원회들, 각국 국내경기연맹들 및 스포츠 유관단체들로 하여금 2000년 12월31일까지 해당단체 집행부임원으로 최소 10%는 여성인사들을 발탁하여 임명토록 목표충족을 요구하여 줄 것을 촉구한다. 1)이러한 목표가 기한 내 달성되지 않을 경우 그 실패원인을 규명하고 이행계획을 수립하여 필요하다면 2001년 6월까지로 그 기한을 연장하며, 아울러 2005년까지 목표

치인 20% 여성비율 달성을 이룩해 내도록 보장한다. 2)또한 IOC, 국제경기연맹들, 그리고 각국 올림픽위원회들은 2020년을 전후하여 해당 단체들의 집행부에 여성대표 배치와 관련된 각각 향후 목표(기대치)에 도달하기 위한 실시계획을 발진하여 줄 것을 요청한다.

제1차 IOC 여성과 스포츠 세계회의가 1996년 스위스 로잔에서 개최되었고 제2차 회의는 4년 후인 2000년 프랑스 파리에서, 제3차 회의는 2004년 모로코 마라케시에서, 제4차 회의는 2008년 요르단 사해에서 개최되었다. 제5차 IOC여성과 스포츠 세계회의는 2012년에 개최되었다. 세계회의를 대한민국이 유치하려면 그 무렵부터 움직여야 했다. 그 전 단계로 'IOC/OCA 여성과 스포츠 아시아지역 세미나' 한국유치와 가칭 '아시아 여성과 스포츠 포럼'을 한국 주도로 창립하여 아시아 스포츠 계에서의 여성의 지위 및 위상 강화에 주력하여야 한다는 것이 필자의 견해였다. 이를 위한 국가 차원의 적극적인 지원과 체계적인 네트워킹을 구체화함과 동시에 '아시아 여성과 스포츠 재단' 설립에도 박차를 가함으로써 한국 여성스포츠의 본격적인 세계 진출을 위한 교두보로 삼아야 했다. 한국 여성스포츠가 바로 서야 대한민국 전체스포츠가 일취월장할 수 있다. 여성 스포츠외교가 활성화되어야 대한민국 스포츠외교가 그 빛을 발하고 열매다운 열매를 맺을 수 있다. 2012년 런던올림픽, 2014년 소치 동계올림픽, 2016년 리우올림픽 그리고 2018년 평창 동계올림픽 이후에는 한국 최초의 선수출신 여성 IOC위원도 탄생하여야 한다고 믿었다.

　대한민국 첫 동계올림픽 4관왕에 빛나는 전이경은 스포츠외교요원 양성 연수 프로그램의 일환으로 미국에서 어학연수를 마치고 돌아온 여성 국제스포츠외교관이다. 1988년 캘거리 동계올림픽에서 시범종목으로 첫 선을 보인 쇼트트랙 빙상종목이 1992년 제16회 알베르빌 동계올림픽에서 정식 종목으로 채택되어 1948년 제5회 생 모리츠 동계올림픽 참가 이래 노 골드로 일관했던 한국 동계스포츠 계에 쇼트트랙에서만 금메달 2개, 동메달 1개를 획득하여 금빛 찬란한 서광을 비춰주었던 올림픽 금메달 효자-효녀 종목이다. 1994년 제17회 릴레함메르 동계올림픽에서는 김기훈이 남자1000m에서 첫 금메달을 따냈고 전이경, 김소희, 윤혜경, 김윤미 등 여자 선수들이 여자3000m 계주에서 두 번째 금메달을, 채지훈이 남자 500m에서 세 번째 금메달을, 그리고 전이경이 여자 1000m에서 네 번째 금메달을 획득하여 총 6개 중 4개의 금메달을 한국 선수들이 휩쓸었다. 이로써 한국이 동계스포츠에 있어서도 세계 10위권을 유지하게 되는 터전을 공고히 하였다. 전이경은 1998년 제18회 나가노 동계올림픽에서도 단체와 개인경기에서 각각 금메달을 추가함으로써 대한민국 스포츠 사상 올림픽 첫 4관왕이 되었다.

　전이경은 2002년 미국의 솔트 레이크 시티에서 개최된 제18회 동계올림픽에서 IOC선수위원으로 한국을 대표하여 출마하였으나 아깝게도 고배를 마셨다. 선수로서는 올림픽 4관왕이란 화려한 경력이 있었지만 인지도 측면에서 부족했다. IOC 선수위원 선출발표가 있었던 솔트 레이

크 시티 동계올림픽 선수촌인 유타대학교 국기 광장 근처 입촌식 장소에
서 아니타 데프란츠 미국 여성 IOC위원 겸 선거위원장이 당선자 발표 후
단상에서 내려와 전이경의 손을 꼭 잡고 격려하면서, 훌륭한 자질과 경
력을 가지고도 IOC선수위원에 선출되지 못한 것을 안타까워했다. 데프
란츠는 필자도 함께 지켜본 그 자리에서 전이경에게 "IOC위원이 될 수
있는 IOC선수위원에는 뽑히지 못했지만, 전 선수와 같이 훌륭한 아시아
의 여성 스포츠인이자 올림피안(Olympian)을 방치할 수 없기 때문에 로게
IOC위원장에게 개인자격 IOC선수위원으로 강력하게 추천하겠다."고 약
속했다. 데프란츠 IOC위원은 2001년 IOC위원장 후보 중 1명이었고, IOC
사상 최초의 IOC부위원장을 역임하였고, IOC 여성과 스포츠분과위원장
이기도 하며, 1976년 제21회 몬트리올올림픽 당시 미국대표 여성조정
선수로서 동메달을 획득한 세계 여성스포츠계의 대모로 존경받는 인물
이다. 1984년 LA올림픽 때 필자와 처음 만나 30여 년 동안이나 오누이처
럼 지내왔다. 그녀는 LA올림픽 대회 잉여금으로 설립한 아마추어 체육
재단(Amateur Athletic Foundation) 초대이사장직도 역임한 바 있다. 그녀는
2003년 7월 체코 프라하에서 대한민국의 평창이 캐나다의 밴쿠버에게
2010년 동계올림픽 개최권을 간발의 차이로 내주자 필자의 어깨를 두드
려주고 흰 손수건을 건네면서, "로키, 괜찮아요! 2014년 동계올림픽유치
는 승리할 거예요!"라고 격려해준 덩치 큰 누님 같은 사람이다. 필자는
그 흰 수건을 소중하게 간직했다. 2007년 과테말라 IOC총회에서 실시될
투표 전에 2014 동계올림픽 개최권을 반드시 쟁취하고, 한국의 색동 손

수건을 그녀에게 주고 싶었지만 다시 러시아의 소치에 석패하는 바람에
계획이 어긋났다. 평창이 2018년 동계올림픽유치에 성공한 다음 그 흰
손수건과 함께 동양자수가 새겨진 손수건을 돌려주었다.

솔트 레이크 시티 동계올림픽이 끝난 다음 달인 2002년 3월 어느 날
IOC사무국 최고실력자로 인정받고 있는 질베르 펠리(Gilbert Felli) IOC 올
림픽 총괄수석국장으로부터 휴대전화를 받았다. 통화의 요지는 IOC선수
분과위원회 구성 최종 마무리단계에서 지역안배 및 여성할당 추천 케이
스 선수위원후보로 거명되어 로게 IOC위원장과 함께 최종 결단을 내리
려고 하는데 전이경의 영어실력이 어느 정도인지 정확하고 솔직하게 말
해 달라는 것이었다. 영어실력이 떨어지면 개인자격 선수위원으로 내정
할 수 없는 상황이며 필자를 신뢰하기 때문에 묻는다고 부담스럽고 곤혹
스러운 첨언을 하였다. 그때 뇌리를 스쳐가는 인물이 있었으니 바로 세
르게이 부브카(Sergey Bubka), 장대높이뛰기 세계기록 보유자로서 '나는
인간 새(Flying Human Bird)라는 별명으로 통한 사나이였다. 부브카 위원은
IOC평가위원으로서 필자와 중국 베이징, 일본 오사카, 캐나다 토론토, 터
키 이스탄불 및 프랑스 파리 등 최종결선에 오른 5개 최종 유치후보 도
시를 순회하면서 새벽마다 필자를 깨워서 조깅을 함께 하곤 했다. 당시
부브카는 솔직하게 자신의 영어실력이 아직 뛰어나지 않으니 질문 사항
등을 필자더러 만들어 달라고 하기도 하고, 농담도 서로 주고받는 사이
였다. 그는 필자의 영어 이름 로키(Rocky) 외에 유리(Yuri)라는 이름을 붙
여주고 싶다고 했다. 필자가 승낙하자 그는 필자를 만날 때마다 "나의 쌍

둥이 형제 유리"라고 불렀다. 부브카 위원과의 아침 운동은 조깅이라기보다 러닝에 가까워 어떤 때는 필자가 보조를 맞추려고 빨리 뛰다 무리가 되어 다리에 경련이 난 적이 있다. 그러자 부브카 위원은 필자를 사우나로 데려가 온탕 속에 함께 들어가 쥐가 난 정강이를 손으로 마사지해주었다. 그는 인간적이고 따뜻한 마음의 소유자이기도 했다. 그런 부브카 위원이 그 순간 생각난 것이다.

2008년 올림픽 선정 IOC평가위원으로 동고동락한 부브카도 처음부터 영어를 유창하게 잘하지 못했기 때문에 펠리 수석국장에게 "전이경의 영어실력은 세르게이 부브카 IOC선수위원장 겸 IOC집행위원이 처음 IOC선수위원으로 입문할 당시의 실력 정도는 되는 것 같다."라고 대답하였다. 펠리 수석국장도 무슨 뜻인지 알아들었다. 결국 부브카 위원도 의식하고 전이경의 훌륭함도 함께 고려하여 대한민국 최초의 IOC선수위원이 탄생하게 되었다.

전이경은 동료 IOC선수위원들 사이에 인기가 좋았다. 2004년 아테네 올림픽 때에는 IOC선수위원 자격으로 동료 위원인 중국 여자탁구의 영웅 덩야핑과 단짝을 이루어 올림픽선수촌과 올림픽경기장을 부지런히 다니는 모습이 보기 좋았다. 당시 전이경은 배우기 시작한 시간에 비하면 영어를 잘하는 편이었다. 더구나 미국에서 어학연수를 마치고 귀국했기 때문에 대한민국 대표선수들 가운데 손꼽힐 만큼 영어도 잘하고 IOC선수위원 출신과도 소통이 좋아서 유승민 IOC위원과 함께 선수출신 IOC위원들과 가장 잘 통하는 국제통 중 한 명이 될 것이 틀림없다고 생각하고 있다. 그녀는 훌륭한 한국의 스포츠 외교관으로서 자질이 충분하다. 그녀 역시 2032년 남북한 올림픽 공동유치활동에 없어서는 안 될 스포츠외교관들 중 한 명이라고 강조하고 싶다. 그는 훗날 데프란츠의 도움으로 IOC여성과 스포츠 분과위원으로도 맹활약했다. 전이경은 정식 IOC 위원이 아니면서 IOC분과위원 타이틀 2개(선수위원 및 여성과 스포츠분과위원)를 유일하게 석권했던[01] 유능한 대한민국 스포츠외교관이다. 앞으로 제2, 제3의 전이경이 뒤를 잇게 되길 바란다.

IOC 올림픽 평가위원 활동

동·하계올림픽 개최도시 결정은 IOC설립 및 존치 근본핵심 목적에 부합한다. 이러한 맥락에서 동·하계올림픽 개최를 실현하기 위한 개최도시 결정은 IOC의 가장 중요한 일련의 활동과정 중 첫 단추에 해당한다. 당초 IOC는 올림픽개최도시 결정투표에 앞서 IOC-IF-NOC 3자그룹으로 구성된 후보도시 현황파악 대표단(Fact-Finding Party)을 구성하여 해당 후보도시로 사전에 조사차 파견하였지만 투표권자인 IOC위원들도 향응이 뒤따르는 것이 관례처럼 되어 버린 후보도시의 초청을 받아 임의로 현지방문을 하였다. 그러한 관행으로 야기된 솔트 레이크 시티 파문은 동계올림픽 유치과정에서 발생한 다양한 부패행위로 말미암아 전 세계 언론의

---

01   이후, 문대성과 유승민 IOC위원이 선수위원으로 편입되어 1국 1명의 원칙으로 여성과 스포츠분과위원직만 유지했다.

지탄대상이 되었다. 이러한 문제에 주목한 IOC는 1999년 제108차 IOC 임시총회를 개최하여 개혁안을 마련하였다. IOC는 동 개혁안에 준하여 IOC위원 윤리 행동강령을 엄격히 적용하였고 IOC위원들의 올림픽후보도시 방문을 전격 금지하는 조치가 시행되었다. 이와 더불어 IOC는 올림픽개최를 신청한 후보도시를 대상으로 별도의 IOC평가위원회(IOC Evaluation Commission)을 구성한 후 현지에 파견하여 객관적 현지실사를 추진하도록 후속조치를 단행하였다. 필자는 2008년 올림픽후보도시 대상 IOC 평가위원(2000년~2001년)으로 선정되어 활동한 경험이 있다. 대한민국에서 동·하계올림픽후보도시 대상 IOC평가위원회이 나오기는 필자가 처음이었다. 필자의 IOC평가위원 활동 이후 18년 뒤 이희범 전 산업자원부장관이 2026년 동계올림픽후보도시 대상 IOC평가위원(2018년~2019년)으로 활동하였다. 이 전 장관은 2020년 현재 두 번째이자 마지막 한국인 IOC평가위원으로 남았다. 이후 IOC는 실사단 제도를 변경하여 '향후 올림픽개최지 선별위원회'(Future Host Commissions)를 신설하였다. 물론 서울-평양 공동유치를 선포한 2032년 올림픽 개최지결정도 이 선별위원회가 직·간접으로 관여한다. 2019년 10월3일 IOC집행위원회 결정으로 IOC가 새롭게 출범시킨 향후 올림픽개최지 선별위원회는 한마디로 올림픽개최도시 및 국가들에 대한 선별작업을 조정 통제하는 권한을 부여 받은 막강한 위원회다. 또한 올림픽개최 후보도시도 단수로 못 박지 않고 복수 개최를 허용함으로써 명칭도 '개최도시'(Host City)에서 '개최지'(Host)로 변경되었다.

2000년 시드니올림픽에 앞서 현지에서 개최된 IOC 집행위원회에서는 2001년에 결정할 2008년 하계올림픽 IOC평가위원회를 구성하였다. 구성된 위원들은 현역 IOC위원으로 하인 베르브뤼겐(Hein Verbruggen; 네덜란드 IOC위원 겸 국제사이클연맹 회장), 프란시스코 엘리잘데(Francisco Elizalde; 필리핀 IOC위원), 크레이그 리디(Craig Readie; 영국 IOC위원 겸 NOC위원장), 카를로스 누즈만(Carlos Nuzman; 브라질 IOC위원 겸 NOC 위원장), 토마스 시트홀레(Tomas Sithole; 짐바브웨 IOC위원 겸 아프리카대륙올림픽위원회연합회 사무총장), 세르게이 부브카(Sergei Bubka; 우크라이나 IOC집행위원 겸 IOC선수분과위원장), 마리오 페스칸테(Mario Pescante; 이탈리아 IOC위원 겸 EOC회장) 등 7명과 IOC사무국 대표 질베르 펠리(Gilbert Felli; 올림픽 대회 수석국장), 국제연맹 대표로 엘스 반 브레다 브리즈만(Els Van Breda Vriesman; 국제하키연맹회장, IOC위원 역임), 페트릭 바우만(Patrick Baumann; 국제농구연맹 사무총장), 카트린 노린다(Catrin Norinda; 국제승마연맹 사무국장) 등 3명, 전문가 대표로 사이먼 볼더스톤(Simon Balderstone; 호주 환경전문가), 봅 엘핀스톤(Bob Elphinston; 경기 및 시설전문가, 시드니 올림픽 조직위원회 경기총괄 부위원장) 및 10개 올림픽 한국선수단 단장대행을 역임한 필자 등 3명, 그리고 장애인올림픽 대표 1명 로버트 맥컬러(Robert McCullough) 등 총 14명과 자클린 베러트(Jacqueline Barrett) IOC 유치도시 관련 팀장을 비롯한 3명을 합쳐 총 17명이었다. 그러나 마리오 페스칸테 이탈리아 IOC위원은 도중에 사퇴하였다. 필자가 IOC 평가위원회 위원으로 들어간 배경은 다음과 같다.

IOC 집행위원회에서 직능별 대표들을 선정하는 가운데 전문가그룹

대표후보자들 중 아시아대륙을 거명하며, 적임자가 없는 상태라고 펠리 국장이 사마란치 IOC위원장에게 보고하자 당시 IOC 부위원장이었던 김운용 KOC위원장이 "무슨 소릴 하느냐? 한국의 로키 윤(Rocky Yoon)이 있지 않느냐"고 강하게 필자를 추천했다. 그러자 펠리 국장과 집행위원들이 필자를 미처 생각하지 못했노라며 적격자라고 평가해 뒤늦게 임명되었다는 이야기를 김운용 IOC 부위원장에게서 전해 들었다. IOC는 근본적으로 귀족 백인위주의 클럽으로 시작하였고, 유럽중심으로 운영되고 있으므로 편견이 있는 것도 사실이다. 아시아, 아프리카, 중남미 등 제3세계로 분류되는 지역 출신들은 웬만큼 능력 있고, 기가 세고, 강심장을 갖고 세력 구축을 하면서 실력발휘를 하지 않는 한 IOC 등 국제 스포츠 무대에서 두각을 나타내기가 쉽지 않다. 그런 면에서 김운용 IOC부위원장의 경우는 특별한 예외이며 그만큼 능력과 실력과 세력을 겸비했다는 뜻이다. 국제 스포츠 무대에 아시아가 배출한 역사상 최고의 불세출의 스포츠지도자임은 틀림없다. 필자가 아무리 실력과 능력과 경험으로 무장하고 있었어도 김운용 부위원장이 IOC 집행위원회 회의석상에서 강력한 추천발언을 하지 않았다면 IOC 30여개 분과위원회 중 가장 실력과 능력을 겸비한 대표들로 포진된다는 IOC 올림픽 평가위원회 위원으로 발탁되기 어려웠을 것이다. 이러한 예는 김운용 IOC부위원장이 '후배를 잘 키우지 않는다'는 항간의 평가가 정확하지 않다는 사실을 반증한다.[02]

---

[02] 이 기회를 빌려 고 김운용 IOC 부위원장의 배려에 머리 숙여 감사드린다.

IOC에서는 시드니올림픽(2000년 9월15일~10월1일) 시작 전인 2000년 8월 29일자로 필자의 IOC 평가위원회 위원 임명사실을 통보하면서 2000년 9월25일 호주 시드니에서 IOC 올림픽 평가위원회 위원 상견례 겸 제1차 회의를 소집하였다. 올림픽 기간 중 시드니 리전트 호텔 볼룸에서 개최된 회의에는 사마란치 IOC위원장, 카라르 IOC 사무총장, 펠리 IOC 국장, 자클린 베러트 IOC 유치도시 담당팀장과 IOC 평가위원장 직을 맡은 베르부뤼겐 네덜란드 IOC위원 겸 국제사이클연맹(UCI) 회장을 비롯하여 엘리잘데 필리핀 IOC위원, 리디 영국 IOC위원, 페스칸테 이탈리아 IOC위원, 누즈만 브라질 IOC위원 등 평가위원 14명이 모두 참석하였다. 사마란치 IOC위원장이 당부하는 인사말이 있었고 평가위원들 소개에 이어 IOC 평가위원회가 점검, 평가, 실사, 분석할 18개 분야에 대한 책임업무 분장이 있었는데, 필자에게는 주제3과[03] 주제17이[04] 책임분야로 지정되었고, 기타 분야는 공동 참여하도록 정해졌다. 5개 유치후보도시에 속한 나라의 IOC위원들은 투표권이 없으므로 이들 11명(중국2, 일본2, 캐나다3, 터키1, 프랑스3)의 IOC위원들을 제외한 나머지 IOC 원들은 IOC 평가위원회가 작성한 최종 평가위원회 보고서를 숙독한 후, 투표일인 2001년 7월13일을 맞이하게 되는 것이었다. 유치후보도시 실사평가 방문을 모두 마치고 최종 보고서 작성을 위하여 스위스 로잔 IOC 본부에 집결한 IOC 평가

---

03 Theme3: Customer and Immigration formalities; 세관 및 입국절차 세부사항

04 Theme17: Olympism and Culture; 올림픽 개폐회식, 올림픽 성화 봉송, 시상식 등 제반 의전행사와 문화행사 등

위원회 위원들은 사마란치 IOC위원장의 따듯한 환영과 뼈를 깎는 듯 길고 힘든 작업에 대한 치하와 격려와 감사의 말을 들었다. 사마란치 위원장은 인사말을 통해, 역대 올림픽 IOC 평가위원회 중 아무런 잡음도 없고 평가위원들 간의 화합과 친목 돈독 정도가 최고라고 들었노라고 칭찬하면서, 최종 보고서 작성에 있어서 신중을 기하여 임하되, 정식 분량 보고서 외에 A4 한 장~두 장짜리 축약보고서도 함께 작성하여 줄 것을 요구하였다. 이유는 IOC위원들 대다수가 정식 분량의 최종평가 보고서를 숙독하지 않는 경향이 있으므로 최소한 축약 본이라도 읽게 하려는 의도라고 간단하게 설명하였다. 드디어 IOC 평가위원회 위원 전체가 IOC 본부 집행위원회 회의장에 모여 2박3일간 최종평가 보고서 작성 작업에 들어갔다.

5개 도시 별 18개 항목별 조사평가 내용은 각 유치도시 실사 방문기간 동안 중간 정리했던 내용을 중심으로 사실에 입각한 기술적인 평가(technical assessment)를 그대로 반영했다. 회의 마지막 날에는 각 유치도시 별 최종평가 결론 내용 작성이 있었다. 이 결론 내용은 유치도시 평가보고서의 핵이므로 정확하고 종합적인 검토와 촌철살인의 집약된 평가, 세심한 주의가 모두 요구되는 극도로 예민하고 첨예한 작업이었다. 최종 결론 부분 내용의 초안을 잡아야 하는데, 평소 영연방 세력인 영국의 크레이그 리디 IOC위원과 호주의 환경전문가 사이먼 볼더스톤이 이구동성으로 본인들의 모국어가 영어이므로 초안 담당을 하겠노라고 선수를 치고 나왔다. 딱히 반대할 명분도 없고 해서 그대로 인정되었다. 영어가 모국어란 두 전문가는 5개 유치도시 최종 결론 중 마지막으로 묘사되는 한 줄을 놓고, 어떤 도시에는 'will'을, 또 다른 도시에는 'would' 또는 'could'와 'can'을 뒤섞어서 표현하였다. 필자는 발언을 통해 "문법적으로 동사의 용법을 가지고 뉘앙스를 무리하게 처리하는 것은 형평에 어긋나며, 한 단어가 주는 영향력을 공정하게 반영해야 하므로 'would'면 'would'로, 'will'이면 'will'로 통일하는 것이 바람직하다."라고 의견을 제시했다. 베르브뤼겐 위원장을 비롯한 많은 위원들이 필자의 취지에 동의하여 'can'이나 'will' 대신 'could'와 'would'로 용어가 통일되었다. 그러나 같은 영연방국가인 캐나다의 유치후보도시인 토론토를 의식한 듯 당시 미국을 중심으로 외신에 집중 거론되었던 중국의 인권문제를 베이징 올림픽 유치와 연관시켜 문건화하여 결론 맨 끝부분에 삽입할 것을 강력 주장하였다. 필자는 유일한 아시아 대표로서 베이징이 정치적인 사안으로 부당하게 공격받는 것을 그냥 지나칠 수가 없어서 해당 문건 삽입을 강력히 반대하였다. 그러자, 전문가 두 명은 "만일 결론 부분에 외신이 집중 거론하고 있는 중국의 인권문제에 대하여 일언반구의 표현도 포함시키지 않는다면, 우리 IOC 평가위원회가 여론을 전혀 반영하지 않았다는 비난을 면키 어렵다."라는 취지로 필자의 견해를 반박하였다. 그러면서 대안적인 표현으로서 "만일 2008년 올림픽 개최지가 베이징으로 정해진다면, 인권문제는 대회 개최 시까지 끈질긴 토론거리로 쟁점화할 것이다."라는[05] 문구를 제시하면서, 이 문구를 베이징 유치후보도시 결론 맨 마지막 부분에 넣어서 처리하자는 것이었다. 갑자기 무거운 정적이 회의실에 감돌았다. 필자는 베르브뤼겐 위원장에게 "우리 IOC 평가위원회는 IOC 집행위원회로부터 기술적인 측면(technical aspects)만 평가하도록 소임을 부여받았으며, 정치적인 사안은 취급하지 말 것이란 지침을 받은 바 있고, 실제로 각 유치도시 실사평가 방문 말미에 행한 각국 기자회견 때마다 사마란치 IOC위원장께서도 정치적 질문에 대하여 '우리 영역이 아니다'라고 입장을 분명히 하지 않았느냐!"고 따져 물었다. "더구나 대안으로 제시한 표현문구는 투표권 자들인 IOC위원들에게 마치 베이징에 표를 던져 개최도시로 선정이 되면 인권문제가 2008년까지 계속 골칫거리로 IOC를 괴롭힐 것이니, 베이징은 바람직한 개최도시 후보가 아니라는 뉘앙스가 풍기는 것 같은데, 이는 불공정한 처사로서 향후 감당치 못할 더 큰 문제를 야기할 소지가 많으니, 이러한 문구는 절대 거론되어서는 안 된다고 판단된다." 그러자 베르브뤼겐 위원장은 필자의 손을 들어주었다. 향후 중국 측의 반발, 이로 인한 IOC 평가위원회 위원장으로의 책임추궁 가능성 등 위원장 본인의 신상에도 결코 도움이 되지 않을 것이라고 결론을 내렸던 것이다. 따라서 이 문구는 영원히 사라지게 되었다. 중국으로 보아서는 IOC 평가위원회 실사평가 방문과 연계되

---

05 Should the Game be awarded to Beijing, the human rights issue would be an on-going debate in the period leading up to the Games.

어 최종적으로 도출된 실사평가보고서 최종결론에 아킬레스건으로 미국을 비롯한 외신에서 끝까지 물고 늘어졌던 인권문제를 평가보고서 결론에 한 줄도 거론되지 못하게 필사적으로 사수해 준 필자가 수훈갑이 되어버렸다. 필자는 IOC 평가위원회 위원자격으로 2001년 제113차 모스크바 IOC 총회에 정식으로 초청받아 비즈니스클래스 왕복항공권과 IOC 본부호텔 숙식을 제공받으며, IOC 총회장 왼쪽에 마련된 단상에 난생 처음 정식으로 IOC 공식자리에 앉아 IOC위원들과 눈높이를 같이하였고 5개 후보도시 프레젠테이션과 투표결과를 지켜볼 수 있었다.

다시 시계를 돌려 5개 유치도시 실사 방문시절로 되돌아가 보자. 유치도시의 IOC 총회에서의 설명회(Presentation) 순서는 무작위 추첨으로 결정하지만 유치도시 방문일정은 시간절약과 항공 일정상의 방문 편의를 고려하여 잡는다. 보통 가장 먼 지역부터 시작하는 것이 관례로서 중국의 베이징, 일본의 오사카, 캐나다의 토론토, 터키의 이스탄불, 그리고 프랑스의 파리 순서로 실사방문 일정이 짜였다. IOC 평가위원 개별 항공 일정 등이 IOC 사무국과 상호협의 하에 정해진 후 비즈니스클래스 왕복 항공권이 사전에 지정항공사를 경유하여 지급되었다. 모든 IOC 평가위원들에게는 가장 먼 거리였지만 필자에게는 가장 가까운 거리인 베이징에 도착한 날짜는 2001년 2월21일 오후였다. 대한항공 직항편으로 인천국제공항을 출발하여 베이징국제공항에 도착하였다. 비행기에서 내리자마자 중국 당국에서는 필자를 최고 귀빈(VIP)급으로 분류하여 일반 출입국 수속대를 통하지 않고 번쩍이는 신문기자 카메라와 TV카메라 세례를 한편 받으면서 또 트랩까지 마중 나온 투밍데 중국 올림픽위원회 사무총장과 유치위원회 관계자들의 안내 겸 에스코트를 받으면서 공항 귀빈실로 안내되었다. 중국 특유의 귀빈접대를 받으면서 TV 인터뷰를 마치자, 간이 공항입국 수속절차를 대리로 끝내고 필자의 짐을 찾은 뒤 곧바로 공항 귀빈 주차장에 준비된 고급 승용차로 안내되어 중국여성 의전요원이 자동차 앞자리에 수행 자격으로 앉고 필자 옆자리에는 투밍데 사무총장이 동석하였다. 중국 공안에서 배려한 듯한 에스코트 선도 차량이 필자가 탄 자동차를 인도하였다. 중국 국빈이 된 느낌이었다. 2000년 당시만 해도 한국 주재 중국대사관으로부터 1년짜리 중국 복수비자 발급대상은 장관급 이상이었다. 필자는 2000년 12월25일자로 류치 북경시장 겸 2008년 하계올림픽 유치위원회 위원장 명의의 공한을 받았다. IOC 평가위원인 필자를 중국의 심장부 베이징에 정식 초청하며, 북경 체재기간 동안 초청자로서 성의를 다하겠다는 내용과 비자발급 편의 안내문이 함께 첨부되어 있었다. 필자는 다음해 2월21일 베이징 도착이라서 2월 초순경 비자발급 신청을 할 작정으로 미루고 있었는데, 2월 중순 어느 날 한국주재 중국대사관에서 전화가 걸려왔다. 필자에게 예의를 차린 어조로 "중국 비자발급을 해드릴 테니 직접 오시지 마시고 직원에게 대신 심부름시키면 그 자리에서 발급해 드리겠다."는 내용이었다. 직접 가지 않아도 된다는 소리에 체육회 지정 여행사 직원에게 부탁하였고, 말 그대로 당일 그 자리에서 비사를 발급해 주었다. 그것도 1년짜리 복수비자였다. 여행사 직원은 한국인으로서 상당히 이례적이고 파격적인 예우라고 놀라워했다. 숙소인 베이징반점에 도착해 안내된 방은 스위트룸으로 VIP용인 듯싶었다. 방에서 여장을 풀고, 시간에 맞추어 동료 IOC 평가위원들이 기다리고 있는 만찬장으로 가서 다음날부터 진행될 평가실사회의에 대한 사전회의와 더불어 식사시간에 맞게 합류한 북경유치위원회 간부들과 상견례 겸 환담을 하였다. 다음날 오전7시에 IOC 평가위원단 조찬 겸 내부회의에서 오전8시30분부터 시작되는 첫 방문지 첫 브리핑 대비 전략회의였다. 베르브뤼겐 위원장은 개별 평가위원 소관 주제와 관계없이 18개 모든 항목에 걸쳐 광범위하고 구체적인 질문을 많이 해줄 것을 주문하였다. 필자의 전공은 질문 그 자체였다. 필자는 당시 20여 년간 10개의 동·하계올림픽, 동·하계아시안게임, IOC 총회, ANOC 총회, OCA 총회 참석 등으로 사람들의 뇌리에 각인되고 몸에 밴 각종 경험과 노하우를 바탕으로 역대 올림픽조직위원회 및 국제 스포츠 계 전문가들로부터 인정받은 그야말로 자부심과 사명감으로 무장하고 있었다. 첫날 첫 회의 첫 주제부터 필자의 질문공세가 베이징 유치위원회 측 주제별 발제자들의 간담을 서늘하게 했나 보다. 두 번째 날 회의가 끝나고 저녁 리셉션장에서 미모의 중국여성이 필자에게 다가와서 2일간의 회의를 브리핑 룸 옆방에서 폐쇄회로 TV모니터를 통해 생중계하는 것을 보았으며 필자의 활약상에 경의와 감탄을 표한다고 하고 나서, 다음날이 그 여성의 주제발표 순서인데, 질문할 내용을 미리 귀띔해주고 질문을 하더라도 쉽게 다루어 달라는 요청 아닌 애교성 애원을 했다. 마음 약하고 부드러운 남자인 필자는 그 여성의 주문대로 예상 질문내용도 미리 알려주고 질문도 쉽게 하였음은 물론이다. 회의 3일 차에는 장쩌민 중국주석을 예방하여 악수와 환담을 하고 사진도 함께 촬영했다. 국빈급에게만 공개한다는 여름궁전과 천안문 근처의 자금성 성곽 망루에도 안내되어 올라가 기념촬영도 하였다. 올림픽 경기장 예정지뿐만 아니라 교통통제센터, 기상센터, 수질관리센터, 첨단 디지털센터 등등 모든 곳에서 올림픽 개최 열기가 펄펄 끓고 있었다. 주제별 발제자들도 전 세계 각지에서 활약하고 있던 해당 분야 전문가들을 12억 인구 가운데 선별, 총동원했다. 이들은 발군의 영어 구사능력과 탁월한 지식 등에 힘입어 IOC 평가위원단으로부터 높은 점수를 받기에 충분하였다.

필자는 중학교 시절부터 매일 아침 운동을 습관으로 삼아왔다. 태권도, 평행봉, 철봉, 달리기, 배드민턴, 팔 굽혀 펴기, 윗몸 일으키기, 체조, 단전호흡 등을 즐기는 편이다. 베이징에 체재하는 동안 오전5시30분에 기상하여 오전6시에 개장하는 호텔 피트니스 센터로 가서 스트레칭 등으로 몸 풀고, 러닝머신(Treadmill) 위에서 30분 이상 달리기를 한 다음 땀이 비 오듯 하면 나머지 정리운동을 하고 철봉에 매달려 턱걸이도 한 뒤 객실로 돌아와 샤워하고 일정에 임하곤 했다. 유럽에서 중국까지 날아온 위원들이 대부분이어서 시차 등으로 인해 아침 운동을 하는 위원이 없으리라고 생각했는데, 두 번째 날 아침에는 1988년 서울올림픽 장대높이뛰기 세계기록 보유자인 세르게이 부브카가 피트니스 센터에 등장하였다. 인사를 나누고 각자 운동을 했다. 피트니스 센터에는 운동기구 사이에 실내용 트랙이 준비되어 있었으므로 자연스럽게 부브카와 달리기를 하게 됐다. 한참이나 트랙을 돌았는데, 필자가 아무리 운동을 습관화해 왔다고는 하지만 세계육상 선수권자와 보조를 맞추기는 무리였다. 그러나 한국인 특유의 오기와 집념이 발동했다. 숨이 턱까지 차올라 왔지만 소리 죽여 입으로 내쉬면서 지친 기색을 보이지 않으려 노력하면서 끝까지 부브카를 따라붙었다. 그러자 부브카도 놀라는 기색이 역력했다. 부브카는 잠시 멈추고 필자에게 다가와 "몸의 균형을 맞추고, 한쪽으로 쏠린 근육 밸런스를 조절하기 위해 트랙 반대방향으로도 뛰자"고 했다. 필자는 힘이 들었지만 쾌히 응하고 부브카의 뒤를 다시 따라붙었다. 마치 마라톤을 하는 심정이었다. '백만 불짜리 파트너'와 '끝내 주는' 운동을 한 셈이다. 부브카는 정리운동을 하면서, 필자가 회의장에서의 활력적인 분위기를 창출하고 다양한 올림픽 관련 지식을 겸비했으며 운동을 좋아하는 면이 모두 마음에 든다면서, 앞으로 IOC 평가위원 5개국 방문기간 동안 매일 아침 같이 운동하자고 제의하였다. 이러한 부브카와 필자가 시작한 아침운동에는 하인 베르브뤼겐 평가위원장, 질베르 펠리 IOC 올림픽 총괄수석국장 등 4, 5명이 함께 참여하여 5개국 평가 방문기간 동안 환자가 발생하지 않는 강철 같은 IOC 평가위원군단으로서 정력적이고 화기애애한 분위기를 만들어, 당시 사마란치 IOC위원장으로부터 잡음이 없이 일사불란하게 업무수행을 훌륭히 해낸 역대 가장 뛰어난 IOC 평가위원단이란 찬사도 들었다. 세 번째 방문 도시인 토론토에서는 쌀쌀하다 못해 겨울 날씨를 보이던 날 아침 일찍 부브카가 필자 객실로 전화를 해왔다. 날씨가 춥지만 밖에 나가서 달리자는 것이었다. 얼떨결에 반

바지, 반팔 티셔츠 차림으로 로비에 등장한 필자에게, 밖이 너무 추우니 하다못해 목욕 수건 가운이라도 입고 다시 나오는 것이 좋겠다고 하여 수건 가운을 입고 토론토의 중심거리를 질주하였다. 다섯 걸음마다 수건 가운이 벌어져서 가운에 달렸던 허리끈을 동여매면서 뛰니까 그야말로 코미디 영화의 한 장면을 방불케 하였다. 거리의 시민들도 웃고, 이후 그 장면은 IOC 평가위원단뿐 아니라 토론토 유치위원회 관계자들에게도 한 동안 회자하여 재미난 에피소드로 기억되었다. 이러한 해프닝 후, 부브카는 필자를 옛 소련의 영웅인 우주비행사 유리 가가린의 이름을 따 '유리'라고 부르면서 모든 공개석상에서 동료 IOC 선수위원들뿐만 아니라 국제 스포츠 계 지도자들에게 필자를 자신의 쌍둥이 형제라고 소개해오고 있다.

또 한 가지 추억은 필자와 함께 IOC 평가위원이었던 엘스 반 브레다 브리즈만의 '오렌지색 양말(Orange Socks)' 사건이다. 필자는 오렌지색 넥타이를 공식만찬 등에서 즐겨 맨다. 이를 엘스 회장이 눈여겨본 모양이다. 베이징과 오사카 방문 후 잠시 각자 귀국하여 3~4일 정도 지난 다음 세 번째 평가대상 후보도시인 토론토에 집결하자, 엘스 회장은 필자에게 선물을 준비해 왔노라고 하면서 오렌지색 양말을 펼쳐서 주었다. 15명의 IOC 평가위원들이 재회한 자리였다. 그는 "앞으로 남은 기간 동안 반드시 착용하여 줄 것"을 필자에게 요구하였다. 오렌지색은 네덜란드의 상징색으로서 필자를 친(親) 네덜란드 화하자는 제스처였으므로, 필자도 이에 호응하여 기꺼이 착용하겠노라고 서약하였다. 문제는 다음날 토론토 방문 공식 공개일정을 수행하는 도중 많은 관계자들이 참석하였을 때 벌어졌다. 호주의 환경전문가인 사이먼 볼더스톤 IOC 평가위원이 출발 직전 엘스 회장이 필자의 바지를 걷어보면서 오렌지색 양말을 신었는지 확인하는 광경을 본 것이다. 볼더스톤은 캐나다 수상 및 VIP들과 캐나다 언론이 운집한 공식행사에서 필자에게 슬그머니 다가와 바지를 슬쩍 들어 올렸다. 짙은 색 바지 아래로 드러난 오렌지색 양말은 그야말로 휘황찬란했다. 그 자리에 참석한 모든 이들의 눈을 즐겁게 하여 주었음은 물론 카메라 플래시 세례를 받았다. 그 사건 이후 토론토 유치후보도시의 의전을 담당한 미모의 여성이 필자에게 오렌지색 넥타이와 양말에 잘 어울릴 것 같다며 양복 왼쪽 주머니에 넣는 오렌지색 장식용 손수건(pocket handkerchief)을 선물하였다. 필자는 스포츠 관련 만찬 등 행사가 열리면 이 세 가지 오렌지색 물건 중 양말을 제외한 두 가지를 애용하게 되었다. 2003년 체코 프라하에서 열린 강원도 평창의 2010년 동계올림픽 유치설명회에서 공식 발표자 중 한 명이었던 필자는 이 오렌지색 넥타이를 착용했다. 발표를 마치자 네덜란드 IOC위원이기도 한 황태자(Crown Prince-Prince Orange)가 필자에게 다가와 "오렌지색 넥타이가 매우 인상적이며, 좋은 결과를 얻기를 바란다."고 덕담해 줌으로서 실제 투표 때 네덜란드 IOC위원 3명 중 최소한 두 표는 확보하지 않았을까 기대해 보기도 했다.

　유치후보도시 별 IOC 평가실사방문 최종 일정은 해당국 언론과의 공식기자회견이다. 한 번뿐인 이 기자회견에서 유치도시에 대한 실사 평가

결과를 브리핑하여 주고 질의응답이 뒤따른다. 토론토 유치 실사 최종일의 일이다. 필자는 숙소 호텔에서 기자회견장으로 가기 위하여 하인 베르브뤼겐 IOC 평가위원장 및 몇몇 평가위원들과 한 엘리베이터에 탑승했다. 가는 날이 장날이라던가. 내내 작동이 잘 되었던 엘리베이터가 멈춰 버린 것이었다. 그것도 30분이나 계속되어 갇혀버렸다. 모두 긴장하고 있었다. 필자는 모두를 안심시키기 위하여 즉흥적으로 농담을 했다. "이제 IOC 평가위원회(Evaluation Commission)를 '대피위원회'(Evacuation Commission)로 바꿔 불러야 할 것 같다." 필자의 이 말 한마디가 갇혀 불안에 떨던 10여 명의 위원들에게 웃음을 선사한 것 같다. 베르브뤼겐 평가위원장은 늦게 도착한 기자회견장에서 필자가 거명한 대피위원회 이야기를 하면서 지각사유를 설명하였다. 이것은 '복선의 배치'였다. 가장 좋은 기술평가 점수를 받았다고 여겨진 토론토가 베이징에 발목을 잡히고 말았다.

필자는 같은 아시아인으로서 중국이 스포츠와 관련이 없는 인권 문제로 인해 올림픽 유치 과정에서 불이익을 당해서는 안 된다고 생각했다. 이러한 뒷이야기가 훗날 알려지자 중국 스포츠 계 지도자들은 그 후 필자를 베이징의 2008년 올림픽 개최도시 선정에 있어서 숨은 공로자로서 드러내지 않은 예우를 해주고 있다. 2010년 평창의 동계올림픽 개최도시 결정 불과 1개월 전인 2003년 6월 중순 당시 중국 NOC 신임사무총장 구야오밍 명의로 베이징에 공식 초청해 중국 IOC위원 및 NOC 관계자들과 회동하도록 배려해 주기도 했다. 그 당시는 사스(SARS; 중증급성호흡기증

후군)가 중국에 만연하여 많은 이들이 중국 방문을 기피하는 시기였는데 김치 성분이 오랫동안 축적되어온 몸인지라 오로지 2010년 평창 동계올림픽유치를 위해 서슴지 않고 SARS의 중심지역을 향해 날아갔다. 막판 표 모으기라면 무슨 일인들 못하겠는가? 베이징공항에서는 중국 NOC 여성 의전도우미와 영접요원이 필자를 맞이하였다. 예약된 5성급 호텔에 도착했을 때 필자는 아연실색하였다. 호텔 프런트 데스크에 아무도 없다가 필자 도착사실이 통보되자 그제야 객실 열쇠를 주기 위해 두 명의 호텔 직원이 등장했으며, 8대의 호텔 엘리베이터도 단 1대만 가동되었고 필자가 유일무이한 승객인 것 같았다. 아침식사도 하루 전에 메뉴 예약을 하여 평소 100여 명 이상을 동시에 수용할 수 있는 조찬장을 전세 낸 듯 혼자서 이용하는 진풍경을 체험하였다. 사스 창궐지역을 무사히 다녀오고 1주일가량 뒤 노무현 대통령이 평창 동계올림픽 유치 핵심 관계자들을 청와대에 초청하여 프라하 현지 출발에 앞선 격려 오찬간담회를 베풀었는데 필자는 사스 창궐지역을 최근 열흘 이내에 방문자한 사람으로 애초에는 청와대 방문명단에서 제외되었지만 김진선 강원도지사(당시 유치위원회 집행위원장)의 배려 덕에 예외적으로 청와대를 방문하게 되었다. 그래도 대통령과의 환영 악수 대상 명단에서는 결국 배제되었다. 물론 오찬 간담회에서는 자유로운 토론을 했고 행사 후에 노대통령과 작별 악수는 나눌 수 있었다. 어쨌든 필자에게는 노대통령과 환영 악수하는 장면을 담은 사진이 없다. 다행히 작별 악수 때 촬영된 사진만 있다.

이후로도 필자는 중국 개최 국제스포츠관련행사에 공식 초청받는 일이 많아졌다. 2001년 베이징 하계유니버시아드, 2005년 5월에 개최된 2008 베이징올림픽 유치기념 문화축전, 2005년 10월 난징 개최 중국 전국체전[06] 등에 초청되어 준 국빈 급 예우를 받은 바 있다. 2005년 5월에 베이징에서 개최된 2008년 베이징올림픽 유치기념 문화축전에 초청되어 참가한 필자는 함께 초청받은 장웅 북한 IOC위원과 함께 베이징대, 칭화대와 함께 중국 3대 대학이라고 일컬어지는 인민대학교의 객좌교수로 임명되어 임명장을 받고 특별 강연도 했다. 필자는 이를 '가문의 영광' 가운데 하나로 생각하는데, 필자가 생각하는 첫 번째 가문의 영광은 2002년 부산아시안게임의 성공적 유치와 성공적 개최를 위한 길목에서 얽히고설켰던 국제 스포츠외교문제 해결 등에 대한 공로를 인정받아 2000년 10월28일 안상영 부산광역시장으로부터 수여받은 (1)제78호 부산명예시민증이고, 두 번째는 2003년 11월 몽골 울란바토르에서 바가반디 몽골 대통령 참석 하에 수여 받은 (2)몽골 국립 올림픽 아카데미 제1호 명예박사학위이며, 세 번째는 2005년 5월 중국 3대 대학교인 (3)인민대학 객좌교수 임명, 네 번째는 한국최초로 국제적 스포츠외교활동을 인정받아 206개국 국가올림픽위원회 대표들이 운집한 가운데 2008년 베이징개최 ANOC총회에서 수여받은 (4)ANOC공로훈장 수상이고 다섯 번째는 중국 3대 명문대학교 중 하나인 (5)인민대학교 객좌교수(2005~2008) 위촉이다. 이 스포츠외교로 일군 다섯 가지 명예는 개인뿐만 아니라 대한

---

06 4년마다 개최되며 올림픽보다 규모가 더 방대한 대회다.

민국 스포츠외교를 통해 받은 영예다.[07]

아시아 트라이애슬론 회장선출

2000년 시드니올림픽부터 우리의 국기인 태권도와 함께 올림픽 정식 종목으로 채택되어 올림픽 메달 종목이 된 철인 3종 경기, 영어로는 트라이애슬론(Triathlon)이지만 엄밀한 의미에서 철인 3종 경기는 올림픽 종목이 아니고 트라이애슬론이 올림픽 정식종목이다. 트라이애슬론이라고 말하면 일반대중은 잘 알지 못하기 때문에 철인경기(Iron man Competition)라고 편의상 혼용해서 말하기도 하지만, 사실상 철인 3종 경기 코스가 트라이애슬론의 그것보다 길고 더 힘이 든다. 오죽하면 '철인'(鐵人)이라고 부를까? 올림픽 트라이애슬론은 1.5km 수영 후 바꿈 터에 세워져 있는 각자의 자전거로 사이클 40km를 돌고 나서 마지막 코스인 20km 달리기를 연이어 한 후 소요 시간을 종합 집계하여 순위를 매긴다. 철인 3종은 수영 3.8km(2회 왕복), 사이클 180.2km 및 마라톤 42.2km를 달리도록 되어 있다. 필자는 2003년 8월의 어느 날 당시 유경선 대한 트라이애슬론 연맹 회장이 필자를 만나고 싶어 한다는 전갈을 유문규 대한연맹 전무이사(이후 부회장)로부터 받고 서울 종로구청 근처 옛 수송초등학교 자리에 있는 유진그룹 회장 사무실에서 유 회장을 만났다. 유 회장과는 대한체육

---

07   또한 하나님의 인도하심으로 받은 영예이므로 이 모든 영광은 하나님의 것으로 하나님께 올려 드린다.

회 국제담당 사무차장 재직 시부터 가끔 공식행사 등지에서 만났었기 때문에 피차 안면이 있는 사이였고, 특히 당시 레스 맥도널드(Les Mcdonald) 국제트라이애슬론연맹(ITU) 회장이 방한했을 때 대한연맹 부회장들과의 만찬에 동석하기도 했었고, 또 필자와 돈독한 관계인 치하루 이가야 일본 IOC부위원장 겸 일본트라이애슬론연맹 회장이 한일 친선 철인 3종 경기 대회 참석차 제주도에 왔을 때에도 함께 자리를 한 적이 있기 때문에 비교적 편안한 분위기에서 대화를 나눌 수 있었다. 유 회장은 필자에게 자신이 2개월 후인 2003년 10월31일 인도 체나이에서 개최되는 아시아 트라이애슬론 연맹(ASTC) 총회에서 선출하는 ASTC 회장 출마를 갑자기 하게 되었는데 도와 달라는 것이었다. 당초 ITU 부회장을 맡고 있는 이가야 일본연맹 회장 겸 IOC위원이 ASTC 회장으로 출마키로 되어 있었고 유 회장은 ASTC 부회장 후보로서 이가야 회장 후보의 러닝메이트 격이었는데 경쟁자인 라마찬드란(Ramachandran) 인도트라이애슬론연맹 회장 겸 ASTC 부회장이 기존 세력을 규합하고는 이가야 회장에게 전화를 걸어 14표 중 10표 이상을 이미 확보했으니 포기하라는 엄포를 놓은 것이다. 이가야 회장은 IOC위원으로서 국제스포츠계 및 아시아 스포츠계의 투표 성향과 생리를 너무나 잘 알고 있는 터이고 경쟁 후보가 10년 넘게 ASTC 부회장직을 맡고 있으며, 투표 장소가 라마찬드란의 근거지인 인도라는 정황을 분석해 보니 실제로 이기기도 힘들겠지만 지게 되면 IOC위원 겸 ITU 부회장, 또 일본 연맹 회장으로서 체면이 완전히 구겨지게 되어 ASTC 회장 입후보 자체가 그야말로 큰 부담이 되고 말았다. 그냥 후보를 철회하자니 라마찬드란이 무혈입성하는 결과가 나올 것이 명약관화하다는 결론을 내린 이가야 후보는 패기 있고 열정적인 유경선 한국트라이애슬론회장에게 연락하여 자초지종을 설명한 후, 시간이 촉박하여 상대방을 이겨내는 것은 다소 무리가 따르겠지만 이가야 회장과 일본연맹이 적극 지원사격을 해줄 테니, 자기 대신 ASTC 회장에 출마하여 달라는 부탁을 하기에 이르렀다는 설명이었다.

　유 회장도 그 시점에서 선거운동을 해서 이긴다는 것이 거의 불가능하겠지만 인도가 트라이애슬론의 잠재력이 전무한 상황이고 감투 욕심 때문에 출마한 라마찬드란이 ASTC 회장이 될 경우 아시아 트라이애슬론의 발전은 물 건너간다는 판단 하에 질 때 지더라도 아시아 트라이애슬론의 미래를 위하여 또 차기 회장 포석을 놓기 위해서라도 경쟁 구도에 뛰어들겠다는 결심을 한 것이다. 돌아가는 상황을 다 듣고 난 필자는 가만히 생각해 보았다. 지금까지 김운용 회장을 보필하면서 각종 국제 스포츠 기구 임원선거, 국제 대회 및 국제회의 유치 투표전을 수없이 많이 치러 산전수전 다 겪은 경험과 노하우, 특히 기존 국제 스포츠계 인맥을 잘 활용한다면 전 회원국이 14개국밖에 안 되는 ASTC 회장 투표전에서 이길 수 있을 것 같은 자신감과 오기가 발동했다. 우선 유경선 회장에게 아시아 트라이애슬론 발전을 위한 출마 공약 사항을 구체적이고 실현 및 적용 가능하고 가슴에 와 닿는 내용으로 작성하여 14개 회원국 중 12개국에 우편 발송과 동시에 10개국 정도는 여행가방 챙겨서 일일이 찾아다니는 방문 캠페인을 벌일 것을 제의하고, 2개월 정도밖에 안 남았지만

12개국 정도만 설득하면 충분한 승산이 있겠다고 자신감을 심어주었다. 아시아 각국 방문 캠페인에 앞서 대한트라이애슬론연맹 부회장들과 여러 차례 대책회의를 하고, 국가별 방문 업무분장도 하였다. 당시 주경혜 부회장, 삼성출판사 사장인 김진용 부회장, 영원한 트라이애슬론 선수인 이석우 부회장, 최윤석 부회장, 오창희 부회장, 유문규 전무이사 등이 주축이 되었다. 필자도 목적 수행을 위해 국제 부회장이 되었다. 주경혜 부회장은 여성 사업가로서 수완이 좋고 대인관계의 폭도 넓고 해서 베트남 등지의 원격 인맥 연결이 가능하여 많은 도움을 주었다. 최윤석 부회장은 미국계 유명 금융회사 중역을 역임한 영어에 능통한 국제통으로서 사교에도 뛰어난 실력가이고, 세방여행사 사장이며 김운용 회장의 사위이기도 한 오창희 부회장도 영어가 뛰어나고 매너가 좋아서 선거 해외 캠페인에서 많은 활약을 하였다. 유문규 전무이사는 오지인 네팔까지 다녀오고 평소의 트라이애슬론 인맥을 활용하여 많은 기여를 하였다. 필자는 아시아 각국 NOC와 아시아 지역 IOC위원들을 교두보로 활용하여 경쟁 후보인 라마찬드란의 기존 지지 세력을 허물어뜨려 가면서 우리 편으로 전환시키는 전략을 수립하고 실행에 옮겼다. 분기점이 된 곳은 싱가포르였다. 싱가포르연맹 회장 및 사무총장에게 유경선 회장 후보의 선거 공약 및 발전을 위한 비전을 모두 함께 사명감을 가지고 설득력 있게 설명하여 우리 편으로 동화시키는 데 드디어 성공했다. 이들의 마음을 결정적으로 움직이게 한 것은 필자와 절친한 IOC위원들 중의 한 명인 세르미앙 능(Ser Miang NG) 싱가포르 IOC위원(현 IOC부위원장) 겸 싱가포르 체육회장의 막후지원이었다. 능 위원은 선거유세 막판인 시점에서 싱가포르 연맹 회장 및 사무총장으로 하여금 한국을 지원하도록 많은 힘을 아끼지 않았고, 더구나 싱가포르연맹 대표들은 능 위원과 더불어 인접국 대표들에게도 유경선 회장을 지지하도록 간접지원을 해 주었다. 뭐니 뭐니 해도 유경선 ASTC 회장 후보가 가장 많은 신경을 썼고 처음에는 다소 서툴렀던 영어 실력도 선거유세 방문출장 과정에서 일취월장하여 당선된 후 ASTC 회장으로서 회의도 영어로 주재하기에 이르렀다. 물론 사전에 많은 준비를 하기 때문에 가능하기도 하지만 유 회장 개인의 노력과 열정의 결실이 아닌가 싶다. 싱가포르 상륙작전의 성공으로 우리 팀은 아시아의 허리 부분을 교두보로 확보한 뒤 우즈베키스탄, 카자흐스탄, 베트남, 태국, 대만, 중국, 네팔, 일본, 마카오차이나, 홍콩 등을 차례로 방문하는 등 방문 유세활동이 효력을 발휘하였고 점차 유경선 후보에게 서광이 비치기 시작했으나, 워낙 심한 경쟁 후보의 뿌리 깊은 밀착 방해공작으로 적지 않은 시행착오를 경험하기도 했다.

인도의 체나이 현지에서 막판 굳히기 작업은 인도 연맹 측의 교란작전으로 순탄치는 않았지만, 불굴의 한국인 저력으로 끝까지 밀어붙인 결과 적지인 인도에서 당초의 예상을 깨고 유경선 후보는 경쟁 후보이며 주최국 연맹 회장인 라마찬드란 후보를 9:5란 표 차이로 누르고 루다펭 ASTC 회장(중국)에 이어 4년 임기(2003~2007)의 신임 ASTC 회장으로 당선되어 한국 스포츠 외교의 한 획을 그었다. 트라이애슬론 인도대첩의 역사는 그렇게 씌었다. 그 이후, 유경선 ASTC 회장의 열정적이고 탁월한 지

도력 하에 아시아 트라이애슬론은 활력 넘치게 전진한 바 있었으며, 각
대륙 별 연맹 중 가장 활발하고 짜임새 있는 순항을 계속해 왔다. 유 회
장은 2005년 3월 KOC부위원장으로도 선임되었으며 2008년에는 ITU부
회장으로 선출되었고 2012년 10월 뉴질랜드오클랜드에서 열린 ITU총회
에서 ITU회장직에 출사표를 던졌으나 스페인 출신 여성 ITU회장 겸 IOC
위원에게 석패하였다. 한편 2015년 6월 대만 타이베이 개최 ASTU총회
에서는 박석원 두산엔진 부사장 겸 대한트라이애슬론연맹 부회장이 제3
대 ASTU 회장직에 올랐다.

대한민국 체육언론 외교

올림픽이나 각종 국내외 스포츠 행사에 언론매체의 역할이 없다면
올림픽이 50억~100억 달러 규모의 범 지구촌 최대 인류축제로 승화되
지 못했을 것이고, 올림픽을 포함한 모든 스포츠 행사나 대회는 동네잔
치 수준에 머물고 지금과 같이 장족의 발전은 꿈도 꾸지 못했으리라. 스
포츠 취재는 스포츠와 일반 대중간의 촉매제 기능을 해내고 있으며 보다
나은 사회, 보다 나은 삶의 질을 선도해주고 있다. 과거 올림픽 운동의 3
대 지주는 IOC, IF와 각국 NOC였다. 그러나 언론의 역할과 기여의 중요
성이 특히 부각된 21세기에 들어서 전 세계 올림픽 및 스포츠 운동에 있
어서 언론매체가 중요하게 자리매김함으로써 IOC, IF, NOC와 함께 미디
어가 4대 중심축의 하나로서 인류의 향상성 운동에 공헌하고 있다. 필자

가 스포츠 취재기자들의 존재를 인식한 것은 1982년 9월 대한체육회 당시 국제 국에 특채되어 무교동에 있는 체육회관에서 근무하면서 공보실 옆에 있는 기자실 출입기자들이 대한체육회에 대하여 무임소 감사 내지 감찰 기능 등 영향력을 미치고 있다는 이야기를 듣고부터였다. 당시의 전설적인 선배 기자들의 에피소드는 일일이 다 적을 수는 없고, 다만 낭만 시대 같기도 하고, 또한 스포츠의 사회에 미치는 영향과 역할이 그만큼 지대하다고 볼 수 있으리라. 전 세계 올림픽과 스포츠를 관장하는 IOC와 대륙 별 국가 올림픽 위원회 연합회와 각국 올림픽 위원회가 있다면 전 세계 스포츠 취재 기자들의 이에 상응하는 조직도 공존하고 있다. 국제체육기자연맹(AIPS)과 아시아체육기자연맹(ASPU), 한국체육기자연맹(KSPU)이 그것이다.

1982년 12월5일 인도 뉴델리에서는 제9회 아시안게임 개막을 앞두고 대회를 주관하는 아시아 스포츠 통괄 관장 단체였던 아시아게임 연맹(AGF)을 OCA로 탈바꿈하는 창립총회가 조직되었다. 초대 OCA 회장에는 중동의 초강세 오일 달러를 앞세워 아시아 스포츠계를 좌지우지하기 위해 쿠웨이트 국왕의 서자로서 왕족이며 당시 쿠웨이트뿐만 아니라 중동 전반에 걸쳐 무소불위의 파워를 자랑하였던 야심만만한 쿠웨이트 NOC 위원장 출신의 세이크 파하드 알-아하마드 알-사바(Sheikh Fahad Al-Ahmad Al-Sabah) IOC위원이 파죽지세로 무경쟁 선출되었다. 세이크 파하드 초대 OCA 회장은 언론이 스포츠에 미치는 영향력을 인지하고 ASPU을 출범시킴과 동시에 쿠웨이트 언론인 출신인 알 후사이니(Al-Hussaini)를 초대 ASPU 회장으로 선출되도록 온갖 수단을 다 동원하여 당선시켰다. 아시아의 스포츠 강국은 정작 한국, 중국, 일본 및 북한 등 동아시아 지역 국가들이었는데, 오일 달러와 조직적인 득표 작전으로 중동이 아시아 스포츠계의 정책을 주도하는 스포츠 외교 강국으로 급부상하였다. 셰이크 파하드 회장은 그 당시 평양에 초청받아 북한의 김일성 주석도 만나는 등 친북 성향의 스포츠 지도자였다. 4년 후인 1986년 9월 서울에서는 제10회 아시안게임 개막을 앞두고 최종 점검에 여념이 없었고, 대회 개회식에 즈음하여 OCA 총회를 개최하게 되었다. 1982년 인도 뉴델리 아시안게임 이후 회장을 포함한 OCA 집행부 임원 선출이 있었다. 당연히 한국, 중국, 일본의 스포츠 지도자들은 타도 셰이크 파하드를 외치며, 최만립 KOC 부위원장 겸 명예총무가 주축이 되어 동남아 NOC 수뇌들과 함께 하진량 중국 IOC위원을 동아시아 대표 OCA 회장 후보로 옹립하였으나, 사전에 낌새를 차린 셰이크 파하드 회장 측이 쿠웨이트 정부 채널을 통해 중국 정부에 대해 만약 하진량 IOC위원이 OCA 회장 후보로 나와 당선될 경우 중동 국가 전체가 1990년 제11회 베이징 아시안게임을 보이콧하겠다고 으름장을 놓았다. 당시 중국으로서는 개방화 정책을 통해 국가 발전과 중흥을 도모하려는 계획의 일환으로 대외에 내놓은 야심 찬 카드가 베이징 아시안게임이었으니, 두말할 나위 없이 OCA 회장선거는 물 건너간 상황이 되었다. 이렇게 해서 '타도 아시아 스포츠 마피아 작전'은 일단 수포로 돌아가고 말았다.

이듬해인 1987년에는 ASPU 회장선거가 있었다. 쿠웨이트의 알 후사이니 회장이 연임을 노렸다. 그러나 한국에는 막강한 ASPU 회장 후보가 버티고 있었다. 연세대학교 재학 시절부터 시작해서 국가대표 아이스하키 선수 및 주장을 맡아온 정통 스포츠 인으로서 불굴의 정신력과 추진력의 소유자인 당시 조선일보 체육부장 박갑철 KSPU 회장은 말레이시아, 태국, 중국, 일본, 홍콩, 대만, 마카오, 필리핀, 싱가포르 등 전체 아시아 체육 기자들의 강력한 지지와 일사불란한 조직력과 ASPU 발전을 위한 구체적인 비전을 내세워 막강했던 쿠웨이트 출신 알 후사이니 ASPU 초대 회장의 아성을 일거에 무너뜨렸다. 분명한 쾌거였다. 아시아 스포츠 언론 외교의 헤게모니를 장악한 순간이었다. 아시아 스포츠 마피아 조직의 한쪽 벽이 이렇게 무너져 내렸다. 박갑철 ASPU 회장은 날카로운 예지력과 그때그때 닥친 상황을 잘 읽고 대처하는 순발력과 분별력이 남달랐다고 생각한다. 필자는 그런 박 회장과 ASPU 회의 및 AIPS 총회에 여러 번 동행하였다. 현장 증인인 셈이다. 박 회장은 영어 등 외국어가 유창하지 않아도 국제 스포츠 외교를 장악할 수 있다는 실증을 몸소 실천해 보여준 스포츠 언론 외교의 대부인 셈이다. 박 회장은 ASPU 회장으로 당선된 후 1987년 AIPS 총회를 대한민국의 서울로 유치하여 성공적으로 조직하였다. 필자는 당시 하정조 KSPU 사무총장(연합통신 편집국장 역임), 이원웅 KOC 전문위원, 홍종서 관장 등과 서울 신라호텔에서 개최된 AIPS 총회를 함께 조직, 운영하였다. 그 당시 통역요원으로 선발되어 봉사했던 대학생 중에 박용성 IJF 회장 겸 IOC위원 비서로 발탁되어 국제 스포츠 계에서 활동한 바 있는 문희종은 탁월한 프랑스어를 구사하며 최 측근 비서실장으로 박

회장을 보필하였다. AIPS는 세계 스포츠 취재기자들이 회원인 국제 스포츠 언론계의 공인된 최고 권위의 기구로서 당시 영국 기자 출신인 프랑크 테일러(Frank Taylor)가 회장을, 이탈리아 기자 출신인 마시모 델라 페르골라(Massimo De la Pergola)가 사무총장을 맡고 있었다.

1993년 5월초 터키 이스탄불에서는 제56차AIPS 총회가 개최되었다. AIPS 회장 등 집행위원 선거가 있는 중요한 회의여서, 필자는 중국 상해에서 개최되는 제1회 동아시아 경기대회 한국선수단 섭외 임원으로 참가하기에 앞서 AIPS 부회장으로 입후보한 박갑철 ASPU 회장의 선거 지원을 하도록 당시 김운용 KOC 위원장의 지시를 받고 별도 항공 스케줄에 의해 터키 이스탄불 현지로 날아갔다. 대세 판단에 뛰어난 박갑철 AIPS 부회장 후보는 당시 테일러 AIPS 회장과 경쟁 후보인 터키 체육기자 출신이며 당시 NOC 사무총장(이후 NOC위원장)인 토가이 바야틀리(Togay Bayatli)와 손을 잡고 연합전선을 전개하였다. 필자는 토가이 AIPS 회장 후보와 박갑철 부회장 후보와 함께 모인 전략회의 석상에서 가능한 무혈입성, 즉 싸우지 않고 이기는 것이 최고의 승리이므로 우선 필자가 1987년 AIPS 서울 총회 때부터 친분을 쌓았던 페르골라 AIPS 사무총장과 테일러 회장을 면담해서 AIPS 회장 후보 사퇴를 종용하고 대신 명예회장으로 추대하여 예우하는 방향으로 설득하도록 하는 임무를 맡았다. 페르골라 사무총장은 별 이견이 없었으나 테일러 회장은 필자가 선거 판 향방과 대세가 이미 기울었으니 명예롭게 퇴진하도록 간곡히 설득하자 조용히 경청하고 나서 필자의 손을 꼭 잡더니 "배려해줘서 고맙지만 사양하겠다. 영국인의 전통은 비록 싸움터에서 쓰러지더라도 끝까지 최선을 다하는 것이므로 미련 없이 결전을 치르겠다."라고 결사항전의 뜻을 밝히며 끝내 후보 철회를 하지 않았다. 투표 결과는 홈그라운드에서 조직적으로 표를 장악한 토가이가 신임 AIPS 회장에 우선 당선되었고, 이어서 치른 부회장 선거에서는 한국의 박갑철 후보가 압도적 표차로 경쟁 후보를 제치고 부회장으로 당선되었다. 필자가 AIPS 각국 회의 대표를 상대로 박회장 대신 영어로 유세 연설을 했지만 그 내용은 거의 박 회장의 아이디어였다. 1987년 AIPS 서울 총회 때부터 쌓아온 친분과 인간적 신뢰의 바탕 아래서 가능한 일이었다. 필자는 지난 2019년 8월말 말레이시아 세랑고르 주 선웨이시티에서 ASPU(AIPS Asia) 총회와 함께 열린 국제스포츠서밋(International Sports Summit)에 특별연사로 초대받아 강연하고 아시아체육기자연맹 총회도 참관하였다.

바르셀로나 올림픽 현지임원 활동

바르셀로나! 이베리아 반도 동편 지중해 바다 내음을 물씬 풍기는 해안가에 위치한 카탈루냐 지방 제1의 항구도시! 1992년 제25회 올림픽대회 개최도시! 대회 마스코트인 바르셀로나 토종견 코비(Cobi)의 상냥함과 정겨움이 전 세계 지구촌 올림픽 가족을 온화함으로 맞이하고 있는 1992년 올림픽 중심! 바다요리의 상큼함이 한껏 입맛을 돋워주는 전 세계 식도락가들의 집결지! 카스테야노(Castellano)라 불리는 스페인어와는 조금 다른 악센트와 프랑스어와 비슷한 어휘 그리고 큰 목소리의 카탈란(Catalan)어의 독특한 언어 정취를 느끼게 하는 정통 카탈루냐(Cataluna)의 메카! 프랑스 파리의 샹젤리제 거리에 필적하는 람블라스(Las Ramblas) 거리의 낭만과 활력! 1492년 미 신대륙을 발견한 크리스토퍼 콜럼버스(Christopher Columbus)의 기상이 높이 세워진 동상과 함께 살아 숨 쉬고 있는 듯한 곳! 카탈루냐 광장과 람블라스 거리 주변 끝자락에 우뚝 서 있는, 영원한 노총각 신세를 면치 못하고 있던 동상 콜럼버스군은 1992년 신대륙 발견 500주년을 맞이하여 미국, 뉴욕에 살포시 그 자태를 자랑하고 있는 자유의 여신상 양과 혼례를 치를 예정으로 자못 흥분된 모습으로 손가락을 자신의 신부가 될 자유의 여신상을 향해 가리키고…. 1882년부터 신축되기 시작하여 이듬해에 1883년 피카소, 미로와 함께 스페인이 자랑하는 예술가인 동시에 건축가인 가우디가 인계 받아 설계하여 건축 중인 사그라다 파밀리아(Sagrada Familia: 聖家族) 성당이 고풍스런 위용을 자랑하며 아직도 건축 중에 있는(향후 200년 후에나 완공예정이라 함) 흥미진진하고 여유만만한 도시의 풍미! 개회식 날 마치 윌리엄 텔(William Tell)이 자기 아들의 머리 위에 놓인 사과를 향해 쏜 화살처럼 관객들을 숨 막히게 하며 정확히 명중, 점화되어 전 세계 지구촌 가족을 감동의 도가니로 몰아넣었던 성화대가 우뚝 솟아 있는 몬주익(Monjuic)에 자리 잡은 올림픽 주경기장의 멋들어진 자태! 이 모든 것이 잘 어우러져, 지구촌의 모든 이들에게 즐거움과 낭만을 선사하였던 도시 바르셀로나는 진정 1992년도를 빛낸 미스 월드 올림픽(Miss World Olympics)이요 미스터 월드 패밀리(Mr. World Family)의 찬란한 표상이리라.

총인원 344명에 이르는 한국 선수단의 바르셀로나 올림픽 참가는 배순학 총무임원(체육회 기획운영본부장), 필자(섭외임원 겸 국제기구 과장) 및 오승훈 섭외임원(체육회 태릉선수촌 훈련부 직원) 3명으로 구성된 선발대의 현지 선수촌 입촌으로부터 본격적인 활동의 막을 올리게 되었다. 선발대의 주요 임무는 본단 현지도착에 앞서 제반 수속 및 편의 사항 사전 확보를 위한 대회조직위원회(COOB '92) 각 부서 책임자 등과의 업무별 협의, 구체적으로 참가선수 임원에 대한 일자별 입출국 및 숙박관련 사항, ID 카드 발급은 물론 경기별 세부종목 참가 엔트리 제출에 따른 변동 및 추가사항을 비롯하여 국기·국가·호칭 등에 따른 의전사항 확인, 대회참가 및 선수단 격려차 현지에 도착하는 모든 한국 VIP에 대한 제반 사항 확인, 한국선수단에 배치될 차량 및 차량스티커 발급 등과 관련된 수송문제 등등에 대하여 타선수단보다 유리한 대우를 받기 위한 본격적인 실무협의를 가졌다. 특히, 올림픽이 열릴 때마다 각국 선수단의 요구사항인 ID/AD 카드 발급에 따른 각종 혜택 코드부여와 관련해서는 장장 5시간에 걸친 끈질기고 우호적인 협상 끝에 한국선수단 본부임원 거의 전원에 대하여 파격적인 코드(∞: 무한대→전 경기장 출입 허용) 입력 특전을 부여받을 수 있었다. 또한, 물리치료사들에 대하여서도 전 경기장(∞) 및 전 경기장 전 지역(1,2,3) 출입코드를 인정받아, 모든 종목 매 경기 시 해당 경기장의 플로어까지 접근할 수 있어 한국 선수들이 경기를 하다가 다칠 경우 빠르고도 자유롭게 선수들에게 접근하여 응급처치 등을 할 수 있어, 간접적으로 한국 선수단이 좋은 성적을 거두는 데 일조할 수 있었다. 7월14일 선발대가 도착한 후 7월18일에는 선수단 본단 1진을 비롯한 각국 선수단들이 속속 입촌하기 시작하였고, 이에 따라 대회조직위원회 선수촌 행정운영 본부장은 각국 선수단 입촌식 행사와 관련, 협의회의를 가졌으며 한국 선수단의 요청에 따라 선수단 본단 도착 다음날인 7월19일 오전11시로 입촌식 시간을 결정하였다. 선수단 규모에 따라 소규모 선수단들은 공동 통합 입촌식을 거행하고, 한국 선수단의 경우는 단독 입촌식을 갖게 되어 있어 맨 먼저 도착하여 먼저 신청한 덴마크 선수단과 이탈리아 선수단이 오전 10시에 합동으로, 이어 유고연방에서 독립해 처녀 출전한 슬로베니아공화국(Slovenia)과 대만이 함께 10시30분에, 그리고 대한민국 선수단은 11시에 각각 입촌식을 갖게 되어 참가국 172개국 중에서 5번째로 선수촌 국제 국기광장에 자랑스러운 태극기를 바르셀로나 하늘 높이 게양하게 되었으며 선수촌에서의 한국 선수단의 공식체재가 본격적으로 시작된 셈이었다.

입촌식 일자 결정과 함께 행사 전날인 7월18일 오전에는 KOC가 임명한 두정수 아타셰(KOC가 임명한 연락관, 바르셀로나 한국총영사관 영사)와 함께 입촌식 의전 절차 등을 확인하니 조직위원회 측에서는 태극기 대신 북한의 인공기를 게양대에 준비하여 보여주었다. 바로 그때가 가장 아찔한 순간이었다. 따라서 의전책임자에게 정식으로 항의하여 태극기로 바로잡아 애국가 연주와 함께 태극기를 연습 게양하였다. 물론 태극기는 사전에 KOC가 제작, 대회조직위원회 및 아타셰에게 송부한 문양을 근거로 대회조직위원회 측이 별도로 제작한 것이어서 다행히 잘못된 부분은 없었다. 국기 및 국가 그리고 호칭 문제는 입촌식뿐 아니라 개폐회식 및 각종 시상식에 계속 사용될 주요한 사안이기 때문에 다음날(7월19일) 오전8시에 개최된 각국 선수단장, IOC, COOB '92와의 연석회의 때 발언을 통하여 이를 바로잡고 향후 모든 공식행사에서 IOC 의전 절차에 따라 착오가 없도록 유념하여 줄 것을 강력히 요구했다. COOB'92 측은 정식으로 사과하면서 개폐회식은 물론 시상식을 포함한 모든 의전행사에서 정확하게 이행하겠노라고 답변하였다. 직전 대회인 서울올림픽을 훌륭하게 개최한 나라인데도 불구하고 이러한 일이 발생한다는 것은 우리가 아직 분단국이란 쓰라린 현실을 상기시켜 주는 안타까운 장면이라고 해석할 수밖에 없었다. 각국 선수단 선수 규모에 따라 배정받는 차량(한국 선수단의 경우 밴 3대: 7인승, 승용차 3대: 4인승) 이용의 경우 당초 조직위원회에서는 제한된 차량 대수로 인해 풀 차량제도(Pool System)로 운영, 각국 선수단에 많은 불편을 주었으나 매일 오전8시부터 개최되는 각국 선수단 단장 회의에서 다양한 발언을 통해 각국 선수단별로 고정 배차방식을 유도해냈고 각국 선수단이 차량을 이용할 때 사용 신청에 따른 근본적인 애로사항이 해결된 셈이었다. 실제로 각국 선수단에 배정된 차량은 배차당일(고정운행 시간은 09:00~21:00) 필요에 따라 신청서에 각국 선수단 단장이 서명날인을 하여 이용 희망자가 차량신청소(PPV)에 제출하면 수송부에서 자원봉사자들로 구성된 해당차량 운전기사를 호출하고 호출된 해당 운전기사는 지정차량 열쇠를 받아 지정차량 주차지점까지 탑승 이용자와 동행해 해당차량에 탑승하는 번거로운 절차를 매번 밟아야 하는 까닭에 불필요한 시간이 많이 소요되었다. 하지만 단장회의 등의 협의를 통하여 고정 배차 후 해당차량 및 지정 운전기사와 이튿날 사용시간(1일 12시간)을 사전에 조정하여 차량사용 시작 시각에 따라 밤늦게 까지도 자유롭게 이용할 수 있어서 차량 사용에 관한 한 운영의 묘를 살릴 수 있었다. 각국 선수단의 올림픽 선수촌에 일일 허용되는 방문객 역시 선수단 규모별로 허용인원 쿼터가 인정되었고, 이에 따라 이튿날 방문희망자에 대해 방문 전날 오후6시까지 신청서에 기입, NOC 서비스센터에 제출하면 방문신청자들은 여권 또는 ID 카드를 지참하고 방문패스 교환소에서 방문증으로 바꾸어 선수촌 출입을 하였다. 이 경우 올림픽선수촌 방문객 신청인원 수에 맞추어 식사쿠폰을 구입하면 선수촌 식당에서 각국 선수들과도 함께 식사를 할 수 있었으며, 부득이 사전에 방문객 신청이 안 되어 있을 경우는 해당 선수단 단장 또는 대리인이 직접 방문패스 교환소에 출두하여 배정 방문객 쿼터 한도 내에서 직접 동반하면 선수촌 출입이 가능하였다. 선수촌 선수단 본부 사무실에서 1㎞ 이상 떨어진 거리를 작열하는 태양과 무더위를 감수하고 매번 도보로 일일이 동반을 위한 절차를 밟고 모시고 와야 했기 때문에 하루 평균 왕복 20㎞ 이상 걷기는 예사였다. 한국 선수단 본부 사무실은 한국 선수단 숙소(4번섬: Island No 4. 지역과 근접한 유로시티 빌딩) 5층에 나이지리아 선수단 사무실(의무실)과 대만 선수단 사무실 사이에 위치하였으며, 한국 선수단의 경우 매일 오전7시부터 시작되는 임원회의(경기임원 및 본부임원)에 대비하여 체육회 직원으로 구성된 실무급 본부

임원들은 숙소 아파트 1세대 당 10명이 2개 밖에 없는 화장실 목욕탕을 공동 사용해야 하는 관계로 보통 오전 5시경에 기상하여 아침회의 등에 대비했던 추억이 떠오른다.

매일 진행되는 경기는 물론 처리해야 할 부속업무 수행 관계로 새벽 1시까지 근무하는 것이 일상 일과로 되어 있어 올림픽선수촌 내에서 바르셀로나 올림픽 대회에 참가한 172개국 선수단 중 가장 바쁘고 부지런하다는 한국인의 평판과 이미지를 심어주었으며 아마도 이러한 한국인 특유의 부지런함이 한국 선수단의 성적에 밑거름이 되지 않았을까? 오전7시에 시작된 전체 임원회의가 끝나면 곧바로 8시부터 개최되는 각국 선수단 단장회의에 참석하여 선수단 운영에 따른 애로사항, 건의사항, 요구사항 등에 대해 대회조직위원회 선수촌 행정운영본부장 및 실무책임자들과 협의 및 요청을 하였고 개폐회식 및 경기 참가에 따른 각종 연락사항 등을 비롯한 광범위한 공지사항 등을 빠짐없이 메모하여 이튿날 선수단 전체 임원회의 시 전달하여 선수와 임원 모두가 하루하루 차질 없는 일상생활을 영위할 수 있도록 만전을 기하였다. 한국 선수단 본부사무실에 임차한 팩스와 전화기는 연일 한국 선수단의 선전을 축하하는 메시지 로 불티나게 작동되고 있었고 한국 선수단에 배치된 6, 7명(주로 현지 교포학생들로 구성)의 자원봉사요원들은 각 경기 종목별 경기일정에 맞추어 경기장 및 연습장까지 동행하여 통역, 안내를 담당하여 한국 선수단의 순조로운 행보에 큰 도움을 주었다. 바르셀로나 총영사관에 설치된 상황실에는 총영사관 직원들은 물론 마드리드 주재 한국대사관에서도 대회

기간을 전후하여 관련요원들을 파견하여 주었으며 서울에서는 체육청소
년부를 비롯한 체육회, 국민체육진흥공단에서 파견된 상황요원과 현지
교민후원회에서도 자진 참여하여 바르셀로나 올림픽 대회 현지 대책종
합상황실 운영에 일치단결하여 각종 상황을 취합, 정리 전달하는 등 선
수촌 외곽지역에서 역시 많은 지원을 하였다. 현지 교민들로 구성된 후
원회에서는 선수단 응원을 포함하여 올림픽 대회 참관 일반인들을 위한
민박 알선, 현지안내 등 많은 서비스를 제공하였다.

특히, 라스팔마스 교민들은 각종 싱싱한 생선류를 거의 무제한 공급
하여 한국선수단 특별합숙소 특식메뉴의 중요한 식단재료를 제공하여
주는 등 국내외에서 한국인들이 보여준 열의와 성원은 그야말로 정성
스럽고 진심 어린 응원 그 자체였다. 선수촌 내 3,000여 명을 동시 수용
했던 식당에는 대회조직위원회와 정식 공급계약을 체결한 두산 식품에
서 6t 물량의 '종갓집 김치'가 냉동 컨테이너로 공수되었다. 김치는 하루
300kg씩 아침식사를 제외한 점심, 저녁식사 때 단골 고정메뉴로 공급되
어 한국선수단은 물론 중국과 일본 등 동양권 선수단을 비롯한 아프리
카, 구소련을 위시한 동구권국가 및 유럽 등 거의 지구촌 전 세계 올림픽
참가 선수, 임원들에게 인기를 끌었다. 이는 1984년 LA올림픽에서 채택
되기 시작해 1986년 서울아시안게임, 1988년 서울올림픽, 1990년 베이
징아시안게임을 거쳐 1992년 바르셀로나 올림픽에 이르기까지 전 세계
올림픽 가족들에게 전통적인 올림픽 메뉴로서 그 위치를 확고히 차지했
다고 자부할 수 있겠다. 한국 선수단은 대회기간 중 선수촌 한국선수단

숙소에서 도보로 10분 이내에 위치한 바르셀로나 일반식당을 임대(임대식당 주인의 아들이 현지 한국인 태권도 사범의 제자)하여 태릉선수촌의 주방장, 영양사 및 조리요원 등 4명을 파견, 상주시켜 한국음식을 제공하는 특별 합숙소를 운영하면서 경기를 앞둔 종목별 선수들에게 날짜 별로 교대로 정성들여 준비한 한식 특식을 제공하여 주었다. 또한 연습장 및 경기장까지 특식 도시락을 운반, 제공하여 선수들의 입맛을 살려주었으며 궁극적으로 경기 당일 선수들의 컨디션 유지에 많은 도움을 주었다. 바르셀로나 올림픽 조직은 선배 격인 서울올림픽의 체계적이고 짜임새 있는 조직 및 운영에 비하면 외형적으로는 엉성한 면도 없지 않았으나 대체적으로 스페인 특유의 자유분방한 분위기 속에 나름대로 맡은 부서별로 철저한 책임의식과 봉사정신이 투철하여 대회를 훌륭히 치렀다고 평가할 수 있다. 제24회 서울올림픽이 한 국민 전체가 국내외를 막론하고 전국 방방곡곡에서 일치단결, 한마음 한 뜻으로 총체적이고 철두철미하게 치른 완벽한 대회였다면 제25회 바르셀로나 올림픽은 카탈루냐 자치정부의 테두리 안에서 바르셀로나인들이 지혜와 역량을 투입하여 거국적이 아닌 국지적인 카탈루냐 국제올림픽 제전의 성격으로 치러졌던 까닭에 각국 참가 선수단으로 하여금 서울올림픽의 진가와 향수를 다시금 느끼게 해주기도 하였다.

양태영의 빼앗긴 체조 금메달

2004년 아테네 올림픽 기간 중 가장 안타까웠던 일은 체조 선수 양태영이 석연치 않게 금메달을 놓친 사건이었다. 필자는 당시 로게 IOC위원장의 특별 게스트 자격으로 초청받아 IOC위원 및 그들 가족에 준하는 대우를 받고 있었지만 처음으로 한국 선수단과는 무관한 신분이었던 관계로 직접 개입은 불가능했다. 마침 1988년 서울올림픽을 전후로 개인적 친분이 두터웠던 구소련(러시아) 출신 유리 티토프(Yuri Titov) 전 국제체조연맹(FIG) 회장 겸 전 IOC위원과 만나 서울올림픽 당시 즐거웠던 회고담 등을 나눈 다음날 '양태영 사건'이 터진 것이다. 그리고 그 다음날 아침 IOC 본부 호텔에 투숙하고 있던 필자와 티토프 전 회장은 조찬장에서 다시 만났다. 티토프 전 회장은 필자에게 해줄 말이 있다며 조찬장 한쪽 구석으로 가서 "양태영의 금메달을 찾을 수 있으니, 내가 말해주는 방법을 시도해봐라."고 조언했다. 그는 "FIG 규정에는 '심판 판정 결과 번복 불가'란 항목이 수년 전부터 삭제되어 있으니 얼마든지 번복이 가능하다."고 전제하면서, "우선 IOC와 FIG를 국제적으로 흔들어 놔야 한다. 내일 금메달리스트인 미국의 폴 햄(Paul Hamm)이 경기를 하니 관중석에서 한국 측 응원단이 금메달을 돌려 달라(Return Gold Medal to Korea!)는 현수막을 들고 흔들어대라. 전 세계 TV 및 취재 보도진들의 이목을 집중시킬 것이요, 그리하면 외신 기사로 다루어지게 될 것이며 IOC와 FIG는 아테네 올림픽의 공정성과 대회 개최의 성공을 위해 타협점을 찾게 될 것이므로 양태영 사건 검토가 힘을 받게 되어 금메달을 돌려받든지 추가 금메달을 받든지 할 것이다."라고 하였다. 티토프 전 회장으로서는 "미국 비자 신청 때 문제가 생길지 모르니 내 이름은 거명하지 말아 달라."고 필자에게 농담 반 진담 반으로 부탁할 정도로 그야말로 위험을 무릅쓴 자문을 해 주었다.

필자는 KOC 관계자가 아닌 관계로 이러한 전략을 IOC 본부 호텔에서 만난 KOC 고위 임원을 통해 KOC 위원장 및 한국 선수단장에게 전달해 주었다. 이에 따른 후속 조치는 시의 적절하게 취해지지 않았다. 필자가 생각하기에 관중석에서 한국 응원단이 자발적으로 하는 평화적인 시위행위는 KOC도 한국 선수단과 아무런 관련이 없는 밑져야 본전이었는데 안타깝기 그지없었다. 그 이후 내외신 기자들이 양태영 금메달 사건을 연일 앞 다투어 보도하고 한국 내 여론도 네티즌을 중심으로 '양태영 금메달 되찾기' 쪽으로 가열되자 대책회의를 열고 값비싼 수임료를 지불하는 조건으로 한국 내 유수한 법률사무소를 경유하여 영국 법률사무소소속 전문 변호사를 선임하고 스포츠 중재재판소에 정식으로 제소했다. 그러나 IOC 스포츠 중재재판소(Court of Arbitration for Sports)에 제소했던 양태영 금메달 되찾기 소송은 예견된 결과이기도 했지만 결국 패소하고 말았다. 억울하지만 결과를 겸허히 받아들일 수밖에 없었다. 필자는 안타까운 나머지 "이제부터라도 '소 잃고 외양간 고치기'를 해야 한다."고 지면을 통해 자문하기도 하였다. 그래야 앞으로 베이징 올림픽을 포함한 국제 대회에서 제2, 제3의 양태영이 나오지 않을 테니까. 그러면 향후 이러한 억울한 경우를 사전에 방지할 수 있는 처방은 뭐가 있고 어떻게 하면 될까? 필자는 다음과 같이 간단하고 쉬운 대비책을 제시하고 간접적으로 자문한 바 있다. 유창한 영어나 프랑스어도 필요 없다. 각 국제연맹(IFs) 종목별 규정집을 보면 판정 결과가 틀렸다고 판단될 경우 소청 (appeal)할 수 있는 규정과 함께 각 연맹 별 영문 소청 양식이 별도로 구비되어 있다. 회원국 연맹은 누구라도 이러한 영문 소청 양식 사본을 얼마든지 사전에 취득, 지참할 수 있다. 국제연맹마다 소청 양식이 약간씩 다르겠지만 소청 신청금(대개 20달러 미만)과 함께 소청 양식에 해당 종목과 해당 경기 참가 선수 이름, 코치 이름 및 서명 그리고 날짜를 모두 기입한 다음 해당 종목 경기장에서 그냥 감독관에게 제출하면 된다. 만일의 경우를 대비하여 2부씩 영어로 무조건 경기 시작 전에 해당 종목과 관련된 소청 양식을 사전 대비용으로 작성해 가지고 지니고 있다가 소청의 경우가 발생할 경우 미리 작성 준비된 소청 양식 1부를 그 자리에서 제출하고 나머지 1부에는 제출받은 감독관의 접수확인 서명 등을 받아 지참하고 있으면 모든 소청 절차가 끝나게 되고 상응하는 결과를 떳떳하게 얻을 수 있는 것이다. 양태영의 경우도 만일 이러한 사전 준비가 있었더라면 손쉽고 당당하게 점수가 수정되고 금메달을 목에 걸 수도 있었을 것이다. 지나간 일에 대하여 누구를 비난하거나 비판하는 일은 생산적이지 못하다. 양태영 사건을 거울삼아 앞으로는 이렇게 눈 뜨고 코 베이는 억울한 사태가 없도록 유비무환의 정신으로 철저히 대비해 나가기를 소망한다.

올림픽 한류 1호 김치

김치는 대한민국, 우리 한민족의 혼과 얼과 정신과 문화와 지혜와 웰빙(Well-being)의 콘텐츠가 고스란히 스며들어 인류의 식생활과 건강을 지켜줄 한국의 먹거리 인류문화유산[08] 제1호이다. 미국의 지배계층인 앵글로 색슨계 백인 신교도(WASP; White Anglo-Saxon Protestants) 웰빙 식단의 단골메뉴로도 자리매김하고 있다고 한다. 특히 우리 한국인에게는 없어서는 안 될 필수불가결한 인생동반자인데 한국선수단 올림픽 '금메달 지킴이'이자 올림픽 공식메뉴 한류1호이기도하다. 현대인의 고질병인 당뇨, 고혈압, 각종 암은 물론 치질, 변비, 치매, 심장질환 등의 발생을 예방하고 조절해주는데 가장 큰 역할을 해주고 있다는 김치를 먹고 있는 한국인은 근본적으로 글로벌 건강체 민족이다. 신토불이(身土不二) 정신에 입각하여 보면 요즘 즐겨 먹는 서양 음식 중 치즈의 영양성분은 이미 김치 안에 다 들어가 있다. 김치의 영양성분을 보면 다양한 종류의 비타민, 칼슘, 젖산균 등이 함유되어 있어 우리 체내의 병균 번식을 억제해 준다. 또한 면역체계를 활성화해줌으로써 에이즈(AIDS)나 사스(SARS) 그리고 조류독감(AI)을 비롯한 각종 질병을 퇴치하는 선봉장이라고 할 수 있다. 외국인들에게 있어서 감기는 가벼운 질병이 아니다. 우리민족은 예로부터 감기를 '고뿔'이라 부르고 '뜨끈뜨끈한 온돌방에서 땀 흘리고 자고 나면 쉽게 낫는 병'으로 취급해 왔다. 이는 우리민족의 체내에 축적되어 있는 김

---

[08] World's Food Cultural Heritage

치성분에 마늘이 함유되어 있는 까닭이기도 하다. 마늘의 주성분 중 하나인 알리신(allicin)은 인체 내에서 단백질 또는 탄수화물과 결합할 때 강력한 살균제 겸 항생물질(Antibiotic)로서 기능하며, 항암작용도 하는 것으로 알려져 있다. 물론 아무나 김치만 먹는다고 사스 등 질병을 단숨에 퇴치할 수 있는 것은 아니지만 우리민족처럼 조상대대로 김치성분이 체내에 오랫동안 축적되어 온 체질의 소유자들에겐 AIDS나 사스나 조류 독감 균이 침투하기 매우 어려운 것만은 사실이다. 김치는 고춧가루, 마늘, 소금, 생강즙 및 젓갈류 등이 오묘하게 어우러져서 생성된 독특한 종합양념을 절인 배추와 버무린 화끈한 반찬 겸 샐러드 류이기도 하지만 완전식품이다. 필자는 1984년 제23회 LA올림픽 한국 선수단 선발대 임원으로 현지에 도착하여 당시 선수촌으로 꾸며진 남가주대학(USC)에 사전 입촌하여 선수촌 식당의 식단을 보고 놀랐다. 미국에서 개최되는 올림픽의 메뉴에 한국의 김치가 포함되어 있었던 것이다. 이는 미국인다운 발상으로서 LA지역에 거주하는 많은 한인들로부터 추천 받은 아시아대륙 대표 음식이었다. 선수촌 식단에 김치가 제공되기 때문에 올림픽에 참가하는 우리 선수들은 따로 김치를 한국으로부터 공수해올 필요가 없어졌고, 미국 특유의 정통 스테이크에 김치를 얹어 먹은 우리 대한의 대표선수들은 1948년 런던올림픽 참가 이래 우연이 아닌 필연으로 LA올림픽부터 가장 좋은 성적을 낼 수가 있었다. 레슬링 그레코로만형 62kg급의 김원기, 레슬링 자유형 68kg급 유인탁, 양궁 여자부 서향순, 유도 하프헤비급 하형주, 유도 라이트급 안병근, 복싱 미들급 신준섭 등 한국 선수단은

6개의 금메달을 획득하여 개최지 미국 하늘에 태극기가 휘날리고 애국가가 울려 퍼질 수 있었다. 1988년 제24회 서울 올림픽에서는 주최국으로서 당연히 김치가 올림픽 선수촌 메뉴로서 세계 올림픽 참가 선수 임원들에게 소개되었지만 이는 개최국의 음식의 프리미엄(premium)이라고나 할까. 다음 번 올림픽 대회인 1992년 제25회 바르셀로나대회에서도 한국의 김치가 올림픽 메뉴로 등장할 것인가는 미지수였다.

필자는 1991년 한국 선수단 사전 조사단장 자격으로 바르셀로나 현지에 도착, 조직관계자들과 각 부문별 협의를 하였다. 선수촌 급식담당자와의 업무협의 중 올림픽 선수촌 식당 메뉴 리스트를 보고 싶다고 하니까, 아직 최종 확정되지 않았다고 하면서 추천할 음식이 있느냐고 필자에게 자문을 구하는 것이 아닌가? 백문이 불여일견이라. 필자는 그날 저녁 COOB'92 바르셀로나올림픽 조직위원회 급식담당관을 어렵게 수소문하여 바르셀로나 시내 한국 식당으로 초청하였다. 불고기와 쌀밥 그리고 김치 등을 주문하였고, 맛을 본 담당관은 김치를 샐러드로 적극 추천하겠노라고 하면서 조직위원회 메뉴 관련 급식 회의를 한 후 진행사항에 대해 연락을 하겠다고 하였다. 사전 조사 협의를 마치고 귀국한 지 1주일가량 지나서 드디어 COOB'92로부터 팩스 한 장이 날아왔다. 회신 내용은 긍정적이었다. 다만 김치 물량 확보와 조달 방법 그리고 김치 생산업체를 소개해 달라는 내용이었다. 당시 이종택 체육회 사무총장과 김종열 체육회장에게 보고하고 급히 김치 조달 및 공수를 위한 수소문에 들어갔다. 당시 백성일(대한체육회 국제본부장 및 평창 동계올림픽 경기운영사무차장 역임)씨가 바르셀로나 올림픽 한국 선수단 파견 실무자로서 필자와 함께 현지 조사활동을 했는지라 그도 이리저리 백방으로 알아보았으나 그 때까지만 해도 김치는 대부분 담가 먹었기 때문에 국내에서 김치를 대량 생산하여 시중에 유통 판매하는 업체가 전무한 실정이었다. 그러던 어느 날 백성일 씨가 사무실에 출근해서 김치 팩 샘플을 가지고 나온 것이 아닌가? 내용인즉 집에서 이런저런 이야기 끝에 바르셀로나 올림픽 때 조달할 김치 이야기를 하니까 백성일 씨의 부인이 동네 슈퍼에서 판매하고 있다고 하여 그 김치 팩을 구입하여 가져온 것이다. 그 김치가 바로 '두산 종갓집 김치'였다. 필자는 '두산 종갓집 김치' 회사로 전화를 하고 담당자를 사무실로 불러 바르셀로나 올림픽 선수촌 식당에 납품할 수 있는지를 문의하였다. 그 담당자도 처음엔 얼떨떨한 표정이었으나 곧 자신 있게 가능할 것 같다고 하여 천신만고 끝에 김치가 본격적인 올림픽 공식 메뉴로서 진출하는 교두보가 마련되었다. 올림픽 기간 중 선수촌 식당에 가보니 바르셀로나 현지에서 태권도 도장을 운영하는 한국인 사범이 김치 담당관으로 발탁되어 올림픽 조직위원회 측 공식 김치 매니저 겸 우리 민족의 음식문화 전달자로서 근무하고 있었다. 참 자랑스럽고 흐뭇한 순간이었다.

이렇게 한국 선수단이 올림픽무대에서 금메달을 회득하는 쾌거 뒤에는 항상 김치가 기운을 북돋워주었다. 여자 공기소총의 여갑순은 선수촌에서 김치로 컨디션을 조절하여 바르셀로나 올림픽 제1호 금메달을 조국에 안겨주었고, 몬주익의 영웅 황영조는 김치의 힘으로 올림픽 최고의 메달이자 대회 마지막 금메달인 마라톤 우승을 쟁취함으로써 한국 스포츠의 황금기를 구가하는데 감격적인 기여를 하였다. 대한민국 만세! 김치 만세! 오, 필승 코리아! 1992년 바르셀로나 올림픽에서 김치가 공식 메뉴가 되었다고 해서 1996년 애틀랜타 대회, 2000년 시드니 대회, 2004년 아테네 대회, 2008년 베이징 대회에도 계속 공식메뉴로 확정된 것은 아니었다. 필자는 미래를 대비하여 IOC 집행위원회와 NOCs와의 연석회의, 각국 단장회의 등 각종 국제회의 때마다 해당 올림픽 조직위원회의 준비상황 보고 시 반드시 균형 있는 식단을 강조하면서 아시아권의 음식이 올림픽 메뉴에 선택되도록 공식적으로 발언하여 운을 뗀 뒤, 해당 조직위원회와의 사전협의회의 때마다 김치와 쌀밥을 넣도록 각고의 노력을 게을리 하지 않았다. 그 덕분에 실제로 1996년 애틀랜타 올림픽, 1998년 나가노 동계올림픽, 1998년 방콕아시안게임, 2000년 시드니 올림픽, 2002년 솔트 레이크 시티 동계올림픽, 2004년 아테네 올림픽, 2006년 토리노 동계올림픽를 포함한 주요 국제대회에서도 김치가 공식 메뉴로 채택되어 한국 선수들은 물론 전 세계 선수들의 맞춤입맛화 하는데 최선을 다해온 1등 공신으로 자리매김한 것이다. 2002년 솔트 레이크 시티 동계올림픽이 시작되기 직전 필자는 올림픽 선수촌으로 사용될 유타주립대학교 기숙사 주방에 초대받았다. 이유인즉, 대회 시작 전 선수촌 회의실에서 개최된 각국 선수단장회의에서 필자가 발언한 쌀밥, 그것도 찰밥 조리법에 대한 확인 요청과 관련되었다는 것이다. 도착 첫날 배식된 밥은 뜸이 들지 않아서 설익은 밥이 여러 날 계속되었기 때문에 일일 단장회의 석상에서 필자가 요청한 내용을 점검해 달라는 주문이었다. 원래 올림픽 선수촌 주방시설은 안전상 통제가 엄격한 지역이다. 필자는 색다른 특권을 부여받은 셈이다. 주방장은 쌀을 씻고 조리한 과정을 필자에게 일일이 브리핑해 주었다. 쌀은 찰지고 질도 양호해 보였다. 주방기구도 훌륭했다. 그러나 밥은 여전히 설익은 맛이었으므로 주방에 1시간가량 머물면서 함께 직접 밥을 지어 보였다. 조리 과정에서 한 가지 미흡한 점이 발견되었다. 바로 뜸 들이는 과정이 생략되었던 것이다. 쌀에 적당량의 물을 붓고 익혔다가 불기운을 조금 낮추고 김을 조금씩 빼면서 어느 정도 시간이 지나야 쌀이 숙성과정을 거쳐 본래의 밥맛이 난다고 설명하면서 이 같은 조리법을 3일에 걸쳐 실습해 준 결과 밥다운 밥이 제공되었던 것이다. '뜸 들인다'는 말을 영어로 설명해도[09] 감이 오질 않을 수밖에……. 그 비결은 5000년 역사가 살아 숨 쉬는 우리 민족의 은근과 끈기, 참을성 있게 지켜봐 주고 정성을 들이는 과정인데. 그 이후로 조직위원회 관계자들은 필자의 영어 이름인 로키에다 찰밥(sticky rice)을 붙여, 'Sticky Rice Rocky'로 부르기도 했다. 입에 착 달라붙는 따뜻한 쌀밥에 김치! 이 맛은 기운을 북돋아주고 우리 선수들에게는 금메달이 착 달라붙는 올림픽의 맛이리라. 이 맛 영원하여라! 2006년 4월초 서울에서 개최된 제115차 ANOC 총회 및 IOC 집행위원회 회의 참석차 한국을 방문한 로게 IOC위원장은 방한 마지막 날인 4월8일 아침 Coex 인터콘티

---

09 to be patiently steamed to a proper degree at different heating intervals.

넨탈 호텔 조찬장에서 아침 뷔페 식단 중 김치를 접시 가득 담고 있었다. 필자가 다가가 "김치는 인류 5대 최고 건강음식 중 하나이며 20여년 이상 동안 올림픽 공식메뉴로 이미 자리매김했다."고 말을 건네면서 전날 조정원 WTF 총재로부터 부여받은 태권도 명예10단에 대한 축하인사를 건네자, 로게 위원장은 "Thank You, my friend."라고 미소 지으며 필자와 악수를 나누기도 하였다. 혹시 외국인에게 김치 담그는 법을 설명할 필요가 있다면 다음과 같이 해보자.

1. 배추를 깨끗이 씻고, 반으로 쪼갠 뒤 소금물에 절인다.(Clean the cabbage, and split in half and pickle in salt.)

2. 무와 파를 가늘게 썰어 둔다.(Slice radish and green onions into thin strips.)

3. 마늘과 생강을 갈아 둔다.(Ground garlic and ginger.)

4. 고춧가루와 무채를 버무린다.(Mix ground red pepper with radish.)

5. 미나리, 갓, 파, 마늘, 및 생강을 버무린다.(Mix in dropwort, leaf mustard, green onions, garlic and ginger.)

6. 젓갈류와 소금을 양념으로 사용한다.(Use fermented sea pickles and salt for seasoning.)

7. 준비된 각종 양념을 배춧잎 사이사이에 골고루 넣는다.(Put the prepared ingredients evenly between cabbage leaves.)

8. 배추 겉잎사귀로 배추 전체를 싸고 땅에 묻은 김장용 항아리 안에 넣어 보관한다.(Use an outer leaf to wrap the cabbage and pack the heads in an earthened jar)

올림픽 콘돔 실록

필자는 올림픽에서 콘돔이 공식적으로 처음 등장한 시기가 1994년 노르웨이 릴레함메르에서 개최된 제17회 동계올림픽이라고 생각했지만 실제로는 놀랍게도 서울올림픽 때부터라고 한다. 신성하다고까지 생각했던 올림픽에서, 그것도 선수들의 보금자리인 올림픽 선수촌에서, 그리고 자국의 국위선양은 물론 개개인의 명예와 영광을 위해 올림픽정신으로 무장하여 페어플레이를 펼치며 경기에 임해야 할 당사자인 각국 대표선수들을 대상으로 올림픽 조직위원회가 공식적으로 콘돔을 사용토록 조장하고 배포한다는 사실에 아연실색하지 않을 수 없었다. '남녀칠세부동석'의 성 의식이 몸에 배어 있는 동방예의지국 사람의 가치판단기준으로는 확실히 충격 그 자체였다. 대한민국 선수들의 요람이자 합숙훈련장인 태릉선수촌에서 남·여 구분된 별도의 숙소를 쓰고 남·여 선수들의 공공연한 교제도 터부시하던 우리 선수들의 경우에는 더욱 그랬으리라. 물론 태릉선수촌에서 남·여 대표 선수들 간 로맨스가 이루어지고 있다는 소문은 접한 바 있지만 만리타국에서 4년간 갈고 닦은 기량을 세계무대에서 선보여, 국가와 개인의 명예를 추구해야 할 올림픽 선수들이 과연 그러할까 의문이 제기되었다. 필자는 실제상황 점검 차 올림픽선수촌 숙소지역(Residential Zone) 내에 위치한 의무실(Medical Clinic)을 방문하였다. 거기서 자원봉사자인 듯한 노르웨이 여성에게 호기심 반, 의구심 반으로 올림픽 선수촌 안에 콘돔이 존재하고 배포하느냐고 물어보았더니 빙그레 웃으며 몇 개가 필요하냐고 되물으면서 그 충격적인 콘돔을 꺼내 보이는 것이었다. 문화적 충격이라는 말은 그럴 때를 대비해서 있는 말이었다. 그야말로 '올림픽 콘돔'과 처녀 상봉한 순간이었다. 그 올림픽 콘돔은 릴레함메르 마스코트와 로고가 사각 형태로 예쁘고 앙증맞게 각인된 채 포장되어 있었다. 무늬와 색상도 선명하고 과감했다. 그것은 필자의 신성한 손 위로 날름 올려졌다. 필자는 하루에 1인당 3개까지 배급한다고 해서 3개를 받았다. 발음하기도 쑥스러웠던 콘돔이 올림픽과의 동거를 선언한 순간이기도 했다. 그 역사적인 올림픽 콘돔 배포 사실을 한국 선수단에게 홍보할 수 없는 노릇이어서 필자는 그냥 올림픽 기념품으로 간직하고 돌아와 필자가 2004년에 연 아시아 최초의 개인스포츠 박물관인 평산 스포츠박물관에 전시하기로 했다. 그것은 얼마 전까지만 해도 올림픽 로고와 함께 고색창연한 자태를 뽐내고 있었다. 2015년 10월 중순 평산 스포츠 박물관 소장품 전체를 통째로 강릉시에 무상 기증하였으므로 이제 그 올림픽 콘돔은 강릉시가 올림픽 기념박물관 내에 영구 전시될 것이다.

올림픽 관련 질문 및 발언에 관한 한 주제별 영역에 관계없이 무불통지의 경지로 아직까지 세계기록을 보유하고 있는 필자지만 각종 국제대회에서 올림픽 콘돔에 대해서만은 아직 한마디 언급도 하지 않은 상태라는 것을 밝혀 두고 싶다. 이러한 사실이 공개되어 아직도 이러한 사실을 모르고 있을지도 모르는 여러 국가의 순진무구한 올림픽 참가선수들로 하여금 올림픽 선수촌 내에서 혹은 분위기 좋은 곳에서 언제든지 콘돔을 사용하고 싶은 충동을 느끼게 하는 '풍기문란방조죄'를 짓고 싶지 않기 때문이다. 서울올림픽을 거쳐 릴레함메르 동계올림픽으로 연계된 에이즈 방지(Anti-AIDS) 목적의 올림픽 콘돔 배포는 다음 대회인 제18회 나가노 동계올림픽에서도 계속되어 올림픽지식 전달프로그램(Olympic Games Knowledge Transfer Program)의 일환으로 올림픽선수촌 내 의무실을 통해 배포되었다. 시드니올림픽에서는 비공식 집계를 갖고 있던 한 조직위원회 관계자가 세계적인 위생용품 기업인 안셀(Ansell)에서 시드니올림픽 선수촌으로 공수했던 10만 개의 콘돔이 폭발적인 인기를 얻어 며칠 만에 동나자 추가로 40만 개를 긴급 공수했다고 알려주었다. 올림픽 참가선수 1만500명과 임원진을 포함, 약 1만5000명이 올림픽 참가 인원이었는데 이것을 나누어 보면 1인당 33개를 사용했다는 통계를 얻게 된다. 만약 선수들만 사용하였다고 가정한다면 1인당 약 50개씩 사용했다는 결론이다. 비공식이고 통계상의 수치이므로 꼭 믿을 필요는 없겠지만 엄청난 개수임에는 틀림없다. 올림픽 성문화와 에이즈퇴치 운동의 절묘하고 기가 막힌 타이밍이 주된 원인 중의 하나이리라. 쿠베르탱 남작이 들으면 격세지감(隔世之感), 대경실색(大驚失色), 아연실색(아연실색), 경천동지(驚天動地), 오호통재(嗚呼痛哉)일 것이다. 토리노 동계올림픽에 참가했던 필자는 가히 폭발적이었던 올림픽 콘돔 사용실태와 추세에 대하여 수소문해 보았다. 그러나 필자는 정말 의외의 소식을 접했다. 올림픽 콘돔이 전혀 지급되지 않았다는 것이다. 호기심은 반드시 풀어야 하는 법. 필자와 친한 올림픽 고위관계자들에게 물어본 결과 올림픽 콘돔의 존재 자체도 모르는 경우가 대부분이었고, 심지어 평소 절친한 외신기자들에게 물어봐도 고개만 갸우뚱할 뿐이었다. 드디어 무불통지의 국제적 모 스포츠 지도자와 칵테일 회동 때 '올림픽 콘돔 토리노 동계올림픽 현지 실종 이유'에 대한 궁금증을 풀 수 있었다. 추정이유는 간단명료 그 자체였다. '이탈리아는 가톨릭 국가다.'

베이징 올림픽 콘돔은 당시 외신을 타고 흥미로운 반향을 일으킨 것 같다. 콘돔 겉봉에 '더 빠르게, 더 높이, 더 힘차게'(Citius, Altius, Fortius: Faster, Higher, Stronger)라는 올림픽 표어가 영문과 중문으로 새겨져 있었다고 한다. 과연 IOC와 사전협의를 거쳤던 것인지 자못 궁금해진다. 런던올림픽 선수촌에 무료로 배포된 사상 최다(15만 개)의 콘돔이 개막 5일 만에 동이 났다는 보도도 있었다. 런던올림픽에서는 단순 계산으로 보면 1명당 콘돔 15개가 공급되었지만 '아무리 그래도 너무 많지 않을까?' 하는 의문에 대해 듀렉스사는 "기념품으로 가져가는 선수도 있는 것 같다. 다만 세계 최고의 운동선수들의 체력을 얕잡아 보면 안 된다."면서 추가 공급을 검토하여 제공하였다는 이야기도 있었다. 런던올림픽에는 204개국에서 1만500여 명이 참가했는데 콘돔 무료배포의 효시는 아이러니하게도 서울올림픽이라고 하며 8,500개의 콘돔이 배포되었던 것으로 알려졌다. 시드니올림픽에선 콘돔 7만 개가 1주 만에 바닥나 2만 개가 추가되었다고 한다. 2010년 밴쿠버에선 동계올림픽사상 최다인 10만 개가 준비되는 등 대회규모의 확대와 함께 공급되는 콘돔의 수도 상승하고 있다. 2014년 소치 동계올림픽 기간에 모두 10만 개의 콘돔이 배포된다는 소식이 알려져 논란이 되기도 했다. 당시 미국의 가십 전문매체인 'TMZ'

는 IOC가 2014년 소치 동계올림픽 기간인 17일간 올림픽 선수촌에 모두 10만개의 콘돔을 배포할 것이라고 전하였다. IOC는 'TMZ'와의 인터뷰를 통해 "콘돔 배포는 AIDS 감염을 막기 위한 것."이라고 밝혔는데 미국 언론 '폭스 스포츠(Fox Sports)'는 이와 같은 현상이 올림픽 선수촌 내에서 2주간 행해지는 모종의 '사회화'를 경계하기 위함이라고 분석하기도 했다. 올림픽이 열리는 시즌 올림픽 선수촌에는 세계 각국의 혈기왕성한 젊은이들이 모이는 이유로 항상 많은 양의 콘돔이 지급되는 것으로 알려져 왔다. 밴쿠버 및 소치 동계올림픽에서는 각각 10만 개의 콘돔이 일주일 만에 동이나 추가 공급되는 현상까지 벌어졌으며 베이징올림픽에서는 올림픽 선수촌에 10만 개를 포함 베이징 시내 호텔까지 합해 무려 40만 개의 콘돔이 무료로 배포되었다고 하니 콘돔은 21세기 올림픽 문화의 한 추세가 되고 있다. 리우올림픽에서는 남녀 선수용 2종류의 콘돔이 무려 45만 개나 무료 배포되었다고 한다. 콘돔45만 개는 런던올림픽에서 배포된 콘돔 수의3배나 된다. 여성용 콘돔은 10만 개, 남성용 콘돔은 35만 개였다고 한다. 또한 17만5,000갑에 달하는 윤활제 역시 제공되었다고 한다. 브라질 일간지인 「폴라 데 상 파울루(Folha de Sao Paulo) 」지는 콘돔 사용 증가가 지카(Zika) 바이러스와 연관되지 않는다고 주장하고 있지만 건강공포증은 리우올림픽 조직위원회 관계자들의 골칫거리였다. IOC는 콘돔사용으로 참가선수들과 직원들로 하여금 안전한 섹스를 하도록 고무시켜 줄 것이라고 언급하였다. 이 콘돔들은 7월24일 개장한 리우올림픽 선수촌 내 진료소 또는 자판기로도 무료 배포되었다. 평창 동계올림픽 때에는 밴쿠버 및 소치 동계올림픽 때보다 1만 개 증가한 11만 개가 무료 배포되었다. 무료 콘돔은 올림픽 선수촌, 각국 취재기자 센터(MPC: Main Press Center), 기자촌 및 의무센터 등지에서 배포되었는데 콘돔이 담긴 바구니가 각 건물 남녀 화장실에 비치되어 대회 참가자 아무나 가져갈 수 있었다. 무료 콘돔 10만 개를 기부한 국내 회사 컨비니언스 측은 언론 인터뷰에서 "평창 동계올림픽의 성공과 '인체면역결핍바이러스' 확산 예방 차원에서 기부하게 되었다."고 했다.

일각에서는 전 세계 각국을 대표하는 엘리트 스포츠 선수들이 2주간의 올림픽 축제 분위기에 휩쓸려 방탕한 문화를 즐기는 데 우려의 목소리를 내고 있다는 보도도 있다. 이제 올림픽 트렌드로 자리매김한 올림픽 콘돔이 2020 도쿄올림픽, 2022 베이징 동계올림픽, 2024 파리올림픽, 2026년 밀라노-코르티나 동계올림픽, 2028년 로스엔젤레스 올림픽 등에서 어떠한 형태로 지속, 계승 발전될 것인지 궁금하다.

사진으로 보는 스포츠 외교

| 좌로부터 전세계국가올림픽위원회 총연합회(ANOC)스포츠외교공로훈장을 수여한 마리오 바즈케즈 라냐 (Mario Vazquez Rana)ANOC회장, 한국 최초 수상자인 필자, 이어서 공로패를 수여한 자크 로게(Jacques Rogge) IOC위원장(2008년 베이징 ANOC총회 개회식 장에서)

| 토마스 바흐(Thomas Bach) IOC위원장과 필자(2018년 3월 강릉명예시민 위촉 차 강릉시청 방문 시)

| 필자의 2008년 올림픽 IOC평가위원 시절 Paris 2008후보도시 방문 시 프랑스 엘리제 대통령 궁에서 필자와 악수하는 자크 시락(Jacques Chirac) 프랑스 대통령

| 몽골 국립올림픽아카데미 제1호 명예박사학위증 받고 소감 발표하는 필자

| 앤드류 파슨스(Andrew Parsons) 국제 패럴림픽위원회(IPC)위원장과 필자

| 제8대 자크 로게(Jacques Rogge) IOC위원장과 필자(2003년 대구 유니버시아드 만찬장에서)

| 제7대 후안 안토니오 사마란치(Juan Antonio Samaranch) IOC위원장과 함께 바르셀로나 집무실에서

| 2008년 올림픽 결선 진출 후보도시 중 첫 방문지인 베이징2008에서 IOC평가위원들과 현지 시설 실사 중

| 2007년 과테말라 IOC총회에서 평창 2014동계올림픽유치 투표 전 IOC위원들과 득표 담소 중인 故 노무현 대통령〈우측〉과 히말라야 최고봉 안나푸르나(Annapurna) 8,000m 정상을 최초로 정복한 알피니스트인 프랑스 IOC위원 역임한 명예 IOC위원 모리스 에르조그(Maurice Herzog)〈좌측〉그리고 불어 통역 중인 필자〈가운데〉

| 2004년 아테네 올림픽 기간 중 장웅 북한 IOC위원 겸 국제태권도연맹<ITF>총재와 함께 IOC본부호텔인 아테네 힐튼호텔에서

| 2002년 부산아시안게임 성공 유치와 개최 전 부산시와 조직위원회 위기해결 공로로 당시 故 안상영 부산 시장이 필자에게 국내인에게 수여하기 쉽지 않은 부산명예시민증(제78호)을 수여하고 기념촬영하고 있다.

| 2007년 필자가 평창2014동계올림픽유치위원회 국 제사무총장 시절 한 스포츠 관련 시상식에서 김연아 선수와 꽃다발 동창생이 되었다

| 2009년 코펜하겐 개최 IOC총회에서 재회한 반 기문 당시 UN사무총장(현 IOC윤리위원장)과 함께

| 베이징2008올림픽후보도시 방문 시 중국국가주석 궁에서 장쩌
민 중국국가주석과 영접 악수를 나누는 필자(2008년 올림픽 IOC평가
위원 자격)

| 2009년 코펜하겐 개최 IOC총회 시 Juan Carlos 스페인 국왕과 함께

| 오사카2008올림픽후보도시 방문 시 당시 일본 총리인 요시로 모리(Yoshiro Mori) 일본 총리(현 Tokyo 2020올림픽 및 패럴림픽 조직위원장)와 함께

| 2009년 코펜하겐 IOC총회 시 네덜란드 황태자 겸 IOC위원인 Prince Orange(현 국왕 Willem-Alexander of the Netherlands)과 함께

| 2009년 코펜하겐 IOC 총회 시 Rio2016올림픽 유치위원회 홍보대사로 참석한 축구황제 펠레와 함께

윤강로

한국외국어대학교 영어과, 동시통역대학원 영·불동시 통역과 수학, 몽골국립올림픽아카데미 명예박사.
한국체육대학교 대학원·강릉 관동대학교·서울시립대학교 겸임교수 및 중국 렌민(人民)대학교 객좌교수 역임. 대한민국 최초 ANOC공로훈장 수상(2008), 서울-평양 올림픽공동유치 서울시 유치 특보, 국제스포츠외교 연구원장.
『총성 없는 전쟁』(2006), 『When Sport Meets the World Over Five Rings』(2007), 『현장에서 본 스포츠외교론』(2012) 외 스포츠외교 관련 책 다수 출간.

한국체육대학교 학술교양총서 004
스포츠 외교론
True Records and Stories of Korea Sport Diplomacy
"The New Horizons"

초판 1쇄 인쇄 2020년 9월 24일
초판 1쇄 발행 2020년 10월 8일

지은이 윤강로
펴낸이 최종숙
펴낸곳 글누림출판사

편 집 이태곤 문선희 권분옥 임애정
디자인 안혜진 최선주 김주화
마케팅 박태훈 안현진

주 소 서울시 서초구 동광로46길 6-6(반포4동 577-25) 문창빌딩 2층(06589)
전 화 02-3409-2055(대표), 2058(영업), 2060(편집)
팩 스 02-3409-2059
전자우편 nurim3888@hanmail.net
홈페이지 www.geulnurim.co.kr
블로그 blog.naver.com/geulnurim
북트레블러 post.naver.com/geulnurim
등록번호 제303-2005-000038호(2005.10.5.)

정가는 뒤표지에 있습니다.
ISBN 978-89-6327-621-2 94340
      978-89-6327-604-5 (세트)

* 이 도서의 국립중앙도서관 출판예정도서목록(CIP)은 서지정보유통지원시스템 홈페이지(http://seoji.nl.go.kr)와 국가자료종합목록 구축시스템(http://kolis-net.nl.go.kr)에서 이용하실 수 있습니다. (CIP제어번호 : CIP2020039840)